优秀劳务品牌

发展之路

中国就业促进会　组织编写

中国劳动社会保障出版社

图书在版编目(CIP)数据

优秀劳务品牌发展之路/中国就业促进会组织编写. -- 北京：中国劳动社会保障出版社，2022

ISBN 978-7-5167-5312-5

Ⅰ.①优… Ⅱ.①中… Ⅲ.①农民-劳动就业-研究-中国 Ⅳ.①F323.6

中国版本图书馆 CIP 数据核字(2022)第 048030 号

中国劳动社会保障出版社出版发行

（北京市惠新东街 1 号 邮政编码：100029）

*

保定市中画美凯印刷有限公司印刷装订 新华书店经销

787 毫米×1092 毫米 16 开本 12.75 印张 135 千字

2022 年 4 月第 1 版 2022 年 4 月第 1 次印刷

定价：35.00 元

读者服务部电话：(010) 64929211/84209101/64921644

营销中心电话：(010) 64962347

出版社网址：http://www.class.com.cn

编　委　会

序 言

劳务品牌产生于20世纪90年代，伴随农村劳动力转移就业的专业化、组织化产生并逐步发展壮大，经过30多年的实践，各地深入挖掘本地文化、产业、资源优势，培育出各具特色的劳务品牌，使其成为推动农村劳动力转移就业、振兴地方经济的重要力量，特别是在助力脱贫攻坚、振兴乡村经济中发挥着越来越重要的作用。国家《“十四五”就业促进规划》明确要求：培育一批有地域特色、行业特征、技能特点，带动农村劳动力就业效果好的劳务品牌。人力资源社会保障部、国家发展改革委等20部门联合印发《关于劳务品牌建设的指导意见》，对进一步推动劳务品牌发展建设进行了部署。中国就业促进会从2007年起，一直跟踪调研劳务品牌的发展状况，围绕劳务品牌建设开展三次重点课题研究；2020年以来，受人力资源社会保障部委托，组织开展典型劳务品牌选树和展示交流等，成为中国劳务品牌发展的见证者，为全面反映劳务品牌的发展历程，中国就业促进会在前几年编写出版《引领劳务经济的“就业名片”——全国劳务品牌建设成果实录》《典型劳务品牌风采录》两本书的基础上，于2022年又组织编写了《优秀劳务品牌发展之路》一书，包括规划政策、访谈实录、交流研讨、研究成果、历程实录、风采展现、荣誉名榜七个部分，以此系统回顾和全面展示劳务品牌的成果和经验，同时，也为贯彻落实国家对新时期劳务品牌建设提出的目标要求，推动劳务品牌建设向深层次、高质量发展，提供参考和借鉴。

张小建

2022年2月

目　录

规划政策

访谈实录

交流研讨

研究成果

历程实录

风采展现

荣誉名榜

规划政策

《“十四五”就业促进规划》对劳务品牌发展的相关部署

稳定和扩大农村劳动力外出就业规模。广泛开展区域间劳务协作，健全劳务输入集中区域与劳务输出省份对接协调机制，加强劳动力跨区域精准对接，发展劳务组织和经纪人，有序组织输出地农村劳动力外出务工。培育一批有地域特色、行业特征、技能特点，带动农村劳动力就业效果好的劳务品牌。实施农民工素质提升工程，推进新生代农民工职业技能提升计划。创建一批农村劳动力转移就业示范县。

专栏6：实施劳务品牌促就业计划
1. 劳务品牌发现培育计划 广泛开展摸底调查，发现一批有一定知名度、从业人员规模大、未固定品牌名称的劳务产品，引导形成劳务品牌。深入挖潜细分行业工种的用工需求，打造一批中高端技能型、高品质服务型、文化型、民生保障型劳务品牌。 **2. 劳务品牌发展提升计划** 加强劳务品牌技能带头人培养，多形式开展劳务品牌从业人员就业推荐活动，加强用工信息对接。健全劳务品牌质量诚信评价体系。 **3. 劳务品牌壮大升级计划** 依托返乡入乡创业园、创业孵化基地、农村创新创业孵化实训基地等创业载体，支持有条件的地方建设劳务品牌特色创业孵化基地。发挥特色

资源、传统技艺和地域文化等优势，培育劳务品牌龙头企业。推动上下游产业链协同发展，打造产业集聚、定位鲜明、配套完善、功能完备的劳务品牌特色产业园。

4. 做好劳务品牌宣传推广

定期开展劳务品牌征集，组织劳务品牌竞赛，选树具有广泛影响力的劳务品牌项目，推出劳务品牌创立人、传承人、领军人以及形象代言人等典型人物。开展劳务品牌展示交流活动，举办劳务品牌专业论坛。

人力资源社会保障部、国家发展改革委等 20 部门关于劳务品牌建设的指导意见

人社部发〔2021〕66 号

各省、自治区、直辖市、新疆生产建设兵团人力资源社会保障厅（局）、发展改革委、教育厅（委、局）、科技厅（局）、工业和信息化主管部门、民政厅（局）、财政厅（局）、自然资源厅（局）、住房城乡建设厅（局）、农业农村厅（局）、商务厅（局）、文化和旅游厅（局）、卫生健康委、市场监管局（厅、委）、广播电视局（文化体育广电和旅游局）、知识产权局、乡村振兴局，中国人民银行各分行、营业管理部，各银保监局、证监局：

劳务品牌具有地域特色、行业特征和技能特点，带动就业能力强，是推动产业发展、推进乡村振兴的有力支撑。为贯彻落实党中央、国务院全面推进乡村人才振兴决策部署，切实加强劳务品牌建设，现提出如下意见。

一、总体要求

（一）指导思想。以习近平新时代中国特色社会主义思想为指导，全面贯彻党的十九大和十九届二中、三中、四中、五中全会精

神，围绕劳务品牌高质量发展，坚持市场化运作、规范化培育，强化技能化开发、规模化输出，实现品牌化推广、产业化发展，健全劳务品牌建设机制，塑造劳务品牌特色文化，扩大劳务品牌就业规模和产业容量，推动实现更加充分更高质量就业，满足人民群众对日益增长的美好生活需要，为全面推进乡村振兴、促进经济社会高质量发展提供强大助力。

（二）主要目标。力争“十四五”期间，劳务品牌发现培育、发展提升、壮大升级的促进机制和支持体系基本健全，地域鲜明、行业领先、技能突出的领军劳务品牌持续涌现，劳务品牌知名度、认可度、美誉度明显提升，带动就业创业、助推产业发展效果显著增强。

二、加强劳务品牌发现培育

（三）分类型发现劳务品牌。广泛开展摸底调查，掌握本地区劳务品牌数量、分布、特征等基本情况，针对性制定发展规划和建设方案，明确建设思路、发展方向和工作重点。对已形成相对成熟运营体系的劳务品牌，强化规范化管理服务，整合优化品牌资源，扩大市场影响力，推动做大做强做优。对具有一定知名度、从业人员规模较大，但还没有固定品牌名称的劳务产品，抓紧确定劳务品牌名称，聚力品牌化发展。对有一定从业基础，但技能特点不突出、分布较为零散的劳务产品，总结品牌特征，逐步引导形成劳务品牌。（人力资源社会保障部负责）

（四）分领域培育劳务品牌。聚焦新一代信息技术、高端装备、新材料、生物医药、新能源等战略性新兴产业，深入挖潜细分行业工种的用工需求，打造中高端技能型劳务品牌。瞄准家政服务、生活餐饮、人力资源、养老服务、商务咨询等急需紧缺现代服务业，打造高品质服务型劳务品牌。大力开发非物质文化遗产、特色手工艺、乡村旅游等文化和旅游产品及服务，打造文化和旅游类劳务品牌。对资源枯竭城市、独立工矿区等就业压力较大，以及国家乡村振兴重点帮扶县、易地扶贫搬迁安置区等脱贫人口、搬迁群众、农村留守妇女较多的地区，围绕制造业、建筑业、快递物流等就业容量大的领域，打造民生保障型劳务品牌。（国家发展改革委、工业和信息化部、民政部、人力资源社会保障部、住房城乡建设部、农业农村部、文化和旅游部、国家乡村振兴局按职责分工负责）

（五）建立重点劳务品牌资源库。组织政府部门、企事业单位及行业协会、商会等社会组织，根据带动就业人数较多、技能产品特色明显、市场知名度高等特点，共同确定本地区劳务品牌建设重点项目，形成指导目录，实施动态管理。广泛动员各类培训机构、就业服务机构、创业孵化机构、咨询指导机构，为重点劳务品牌建设提供支撑。（人力资源社会保障部负责）

三、加快劳务品牌发展提升

（六）提高技能含量。鼓励各类培训机构、职业院校开展劳务品牌相关职业技能培训，按规定纳入补贴性职业技能培训范围。完善劳务品牌相关职业技能等级认定、专项职业能力考核等多元化评价方式，按规定对经评价合格的从业人员发放相应职业资格证书、职业技能等级证书或专项职业能力证书。加强劳务品牌技能带头人培养，建设一批技能大师工作室、专家工作室，打造具有一流水准、引领行业发展潮流的劳务品牌高技能人才培养基地，对符合条件的给予高技能人才培养补助。鼓励有条件的院校围绕“一老一小”等民生紧缺领域开办相关专业。对符合条件的高技能人才同等落实职称评聘、选拔培养奖励项目等当地人才政策。（教育部、人力资源社会保障部按职责分工负责）

（七）扩大就业规模。多形式开展劳务品牌从业人员就业推荐活动，加强用工信息对接，促进精准供需匹配。加强劳务协作，采取区域间定向输出、企业直接吸纳等方式，建立健全劳务品牌长期稳定劳务输出渠道，对开展有组织劳务输出的机构按规定给予就业创业服务补助。依托劳务工作站、服务站等机构，为劳务品牌从业人员提供跟踪服务。将脱贫人口、农村低收入人口等困难群体作为劳务品牌优先输出就业服务对象，按规定给予社会保险补贴和一次性交通补助等政策。（人力资源社会保障部、农业农村部、商务部、国家乡村振兴局按职责分工负责）

（八）增强品牌信誉。鼓励劳务品牌优化品牌名称、标识、符号等要素，支持有条件的注册申请商标专利，实现全流程电子化、便利化办理，引导具有核心竞争力的劳务品牌专利技术向标准化转化。健全劳务品牌质量标准体系和诚信评价体系，鼓励社会团体制定劳务品牌质量和评价标准，开展劳务品牌诚信评价，支持行业协会、商会建立行业内劳务品牌信用承诺制度。开展劳务品牌诚信经营自律承诺行动，维护劳务品牌良好声誉和形象。（人力资源社会保障部、商务部、市场监管总局、国家知识产权局按职责分工负责）

四、加速劳务品牌壮大升级

（九）支持创新创业。鼓励劳务品牌从业人员发挥技能优势、专业所长、从业经历等优势开展创新创业，引导各类机构提供专业化创业培训和创业服务，对符合条件的创业者按规定落实税费减免、创业培训补贴、一次性创业补贴、创业担保贷款及贴息等政策。鼓励银行等金融机构在依法合规、商业可持续的原则下，积极探索劳务品牌商标权、专利权等质押贷款，鼓励以劳务品牌为标的物，积极投保相关保险。依托返乡入乡创业园、创业孵化基地、农村创新创业孵化实训基地等创业载体，安排一定比例的场地用于劳务品牌创业孵化，按规定落实房租减免、水电暖费定额补贴等优惠政策。（国家发展改革委、财政部、人力资源社会保障部、住房城乡建设部、农业农村部、人民银行、银保监会按职责分工负责）

（十）培育龙头企业。发挥特色资源、传统技艺和地域文化等优势，培育若干细分行业领域的劳务品牌龙头企业。引导劳务品牌龙头企业“专精特新”发展，推动技术、人才、数据等要素资源集聚，鼓励符合条件的劳务品牌龙头企业上市融资、发行债券。以劳务品牌龙头企业为引领，组建行业内、区域内劳务品牌联盟，推动联盟内资源共享，加速科技成果市场转化，解决专业领域重大共性问题，促进产学研深度融合。（国家发展改革委、科技部、工业和信息化部、人力资源社会保障部、住房城乡建设部、商务部、人民银行、证监会按职责分工负责）

（十一）发展产业园区。推动劳务品牌上下游产业链协同发展，按照产业链环节与资源价值区段相匹配原则开展产业布局，打造产业集聚、定位鲜明、配套完善、功能完备的劳务品牌特色产业园区。统筹安排劳务品牌产业园区用地指标、能耗指标，盘活闲置的商业用房、工业厂房、企业库房和商务楼宇等存量资源，有条件地区可安排一定比例年度土地利用计划，专项支持劳务品牌产业园区建设。充分发挥银行信贷、保险资金、多层次资本市场及融资担保机构（基金）等作用，拓展劳务品牌产业园区投融资渠道。结合实施现代服务业优化升级行动，支持服务型劳务品牌企业进驻国家级经济技术开发区发展医疗健康、社区服务等服务业，以及工业设计、物流、会展等生产性服务业。（国家发展改革委、工业和信息化部、民政部、人力资源社会保障部、自然资源部、住房城乡建设部、商务部、国家卫生健康委、人民银行、银保监会、证监会按职责分工负责）

五、组织保障

（十二）加强组织领导。各地要充分认识劳务品牌建设的重要意义，推动建立政府部署推动，人力资源社会保障部门牵头，住房城乡建设、农业农村、财政、人民银行、市场监管、乡村振兴等20个部门分工负责，行业企业积极参与的工作协调机制，形成工作合力。结合本地实际，细化工作方案，明确目标要求，抓好各项工作任务贯彻落实。（各部门按职责分工负责）

（十三）强化工作保障。各地要发挥政策引导作用，鼓励以市场化方式撬动金融资本、社会力量积极参与，推进劳务品牌建设。将劳务品牌建设作为就业工作重点任务，组建劳务品牌建设专家库，加强劳务品牌理论研究。（人力资源社会保障部负责）

（十四）开展选树推介。各地要充分发挥典型引路作用，定期开展劳务品牌征集评选，组织劳务品牌竞赛，选树具有广泛影响力的劳务品牌项目，推出劳务品牌创立人、传承人、领军人以及形象代言人等典型人物，推荐符合条件的劳务品牌从业人员申报有关人才奖项评选。（人力资源社会保障部负责）

（十五）举办系列活动。各地要定期开展劳务品牌展示交流活动，举办劳务品牌专业论坛，充分利用各类平台宣传展示劳务品牌。创新推出劳务品牌文化体验活动，结合文化旅游产业打造劳务品牌非遗工坊、劳务品牌文化体验馆（街、商圈）。结合“一带一路”战略举办文化交流活动，支持劳务品牌走出去。（国家发展改革委、人力资源社会保障部、文化和旅游部、国家乡村振兴局按职责分工负责）

（十六）营造良好氛围。各地要综合运用网络、报纸、杂志、广播电视等媒体平台，围绕品牌项目、品牌人物、品牌活动开展全方位宣传报道，拍摄主题影视作品，讲好劳务品牌故事，形成“塑造劳务品牌、消费劳务品牌、热爱劳务品牌”的浓厚氛围。（中央宣传部、人力资源社会保障部、广电总局按职责分工负责）

2021 年 8 月 24 日

访谈实录

培育一批叫得响的劳务品牌
——专访人力资源社会保障部负责人

新华社记者　姜琳

近日举行的第三届全国创业就业服务展示交流活动中，来自各地的146个劳务品牌项目首次集中亮相。为什么要发展劳务品牌？如何培育一批叫得响的劳务品牌？记者专访了人力资源社会保障部负责人。

问：什么是劳务品牌？我国劳务品牌整体发展情况如何？

答：劳务品牌是有着鲜明地域标记、过硬技能特征和良好用户口碑的劳务标识。这次参展的146个劳务品牌多数集中在手工艺制造、建筑、家政服务、餐饮等劳动密集型行业。有的已在社会上广为知晓，比如“粤菜师傅”、山西“吕梁山护工”等，其他品牌大都也在各自行业或一定区域内拥有一定知名度。

劳务品牌带动就业能力强，如河南“林州建筑工”从业人员达20万人，当地60%的农村青壮年劳动力从事建筑业。一些劳务品牌已经不单是就业名片，还成了城市名片，实现了小品牌大作为。如江苏“盱眙龙虾厨师”延伸为集种养、物流、餐饮、加工为一体的全产业链；青海“化隆拉面师”扩展为拉面产业，当地农民纯收入的54%来自拉面餐饮相关行业。

我国劳务品牌建设工作已有初步基础，但总的来说，全国知名的劳务品牌还不多。特别是与我国 2.86 亿农民工总量以及完备的行业门类相比更显不足。同时，劳务品牌管理还不够精细，从业人员技能水平还需进一步提高，这些都是接下来要重点解决的问题。

问：劳务品牌是如何形成的？

答：劳务品牌最初形成具有一定自发性，多数以政府主导或因势利导，逐步走向市场。一些地方在建设之初就作为重点工作全力推进。如广东成立劳务品牌建设工程领导小组，内蒙古赤峰市敖汉旗、山西吕梁市成立领导小组，贵州正安县每年安排 1000 万元作为“正安吉他工匠”产业专项发展资金，云南剑川县每年筹措 100 万元专项资金用于“剑川木雕工匠”劳务品牌建设等。

在品牌建设上，有的立足当地资源、挖掘当地传统工艺，如江苏“扬州三把刀”等；有的结合市场需求和农村劳动力转移就业需求，如陕西“紫阳修脚师”等；有的依托能人返乡创业、当地产业项目发展，如吉林“辽源织袜工”等；还有的依托劳务中介等市场机构，如山东“乐陵港务工人”等。

问：为什么要持续推进劳务品牌建设？

答：“十四五”时期，抓好劳务品牌建设十分重要。

一是有利于促进更加充分更高质量就业。从实践情况看，劳务品牌带动就业人数多，从业人员就业更加稳定、收入更高、权益更有保障。二是有利于促进高质量发展。抓好劳务品牌建设，大量培养行业技能人才，可以为经济高质量发展提供重要人力资源支撑。三是有利于推动乡村振兴和迈向共同富裕。很多贫困地区曾通过劳务品牌建设，带动贫困人口劳务输出，帮助他们实现了增收脱贫。四是有利于满足民生需求。抓好劳务品牌建设，培养有技能、有诚信的劳动者，提供良好的家政、育儿、养老等各类服务，可以进一步提升人们生活质量。

问：我国在建设劳务品牌方面有何规划部署？

答：今年，中央办公厅、国务院办公厅出台《关于加快推进乡村人才振兴的意见》，将打造劳务品牌作为乡村振兴的重要内容，明确要求培育一批叫得响的劳务品牌。国务院印发《“十四五”就业促进规划》，将培育劳务品牌作为稳定和扩大农村劳动力就业规模的重要手段，纳入国家规划高位推进。

为贯彻落实党中央、国务院决策部署，近日，人力资源社会保障部、国家发展改革委等20部门印发《关于劳务品牌建设的指导意见》，对“十四五”期间劳务品牌建设提出三方面具体目标：

一是建立一个支持体系，围绕增加品牌数量、提高品牌质量、发挥品牌效应，建立健全劳务品牌建设的促进机制和支持体系，创造良好环境；二是形成一个打造体系，省市县分层打造推出本地叫得响的品牌，在此基础上全国推出一批地域鲜明、行业领先、技能突出的领军劳务品牌；三是着力提升劳务品牌知名度、认可度和美誉度，树立劳务品牌良好社会形象。

问：下一步劳务品牌建设将在哪些方面发力，如何实现“十四五”时期发展目标？

答：一是加强发现培育。要广泛调查并全面掌握本地区劳务品牌基本情况，强化分类指导，精准施策。聚焦战略性新兴产业、急需紧缺服务业、文化旅游领域、就业帮扶重点地区，因地制宜、有针对性地培育劳务品牌。

二是加快提高质量。要动员社会力量，大规模开展劳务品牌技能培训，解决从业人员技能水平较低、高技能人才短缺的问题。要广泛开展区域间劳务协作，建立健全长期稳定的劳务输出渠道，并给予相应补助，不断提升从业规模。要将诚信作为核心要素，提升劳务品牌信誉。

三是放大品牌效应。壮大劳务品牌从业人员创新创业规模，不断增加经营主体。壮大龙头企业，引导“专精特新”发展，提高市场竞争力。壮大产业园区，充分发挥领军品牌的引领作用，推动上下游产业集聚发展。

劳务品牌大有大的优势，小有小的作为。必须坚持因地制宜，立足地方实际，挖掘特色优势，提高劳务品牌建设的科学性、针对性。

（文章来源：新华网，2021 年 11 月 9 日）

交流研讨

劳务品牌交流研讨活动在吉林省长春市举办

2021 年 10 月 15 日，劳务品牌交流研讨活动在吉林省长春市举办。人力资源社会保障部副部长李忠出席活动并讲话，强调要建立健全劳务品牌建设的促进机制和支持体系，打造一批叫得响的劳务品牌，促进劳务品牌高质量发展。吉林省副省长阿东出席活动并致辞。

本次活动是第三届全国创业就业服务展示交流系列专项活动之一，由人力资源社会保障部主办，旨在介绍劳务品牌研究成果，交流劳务品牌建设经验做法，进一步推动劳务品牌建设工作。河南省、湖北省、湖南省、广东省、青海省化隆县以及有关专家作交流发言。

人力资源社会保障部、商务部、国家市场监管总局有关司局负责同志，部分地方人力资源社会保障厅局负责同志参加活动。

（文章来源：人力资源社会保障部官网，2021 年 10 月 15 日）

总结经验　探索规律
推动劳务品牌新发展

中国就业促进会会长　张小建

20 世纪 90 年代以来，劳务品牌建设历经 30 多年的实践和发展，已成为农村劳动力转移就业和助推地方经济的重要力量，成为脱贫攻坚和提高农民收入的一大亮点。劳务品牌从无到有，规模从小到大，影响力不断增强，组织化、专业化程度逐步提高，业态和功能从单一到多元，在发展社会主义市场经济独具特色的劳务经济中起到重要支撑作用。认真总结劳务品牌成长经验，探索其发展规律，促进其提升水平更好发展，对于新时期振兴农村经济和促进更加充分、更高质量就业具有重要意义。

近几年，中国就业促进会受人力资源社会保障部就业促进司和中国就业培训技术指导中心委托，组织全国劳务品牌选树工作，进行专题调研和宣传交流，并提出推动劳务品牌健康发展的措施和工作建议。我们认为，在劳务品牌的发展中，要把握一个基本点，三个核心要素，两个增长极。

一个基本点就是把握劳务品牌成长发展的基本立足点。劳务品牌是指某一区域、某一行业的劳动者，根据市场需求，在管理主体（包括政府、行业组织或企业等）的引导、培育和管理下，形成独具特色、相对稳定、拥有较高知名度的劳务标识。劳务品牌实体包括多种类型，有单个企业，有同类企业集群，有多个个体组合，有企业加个体集群，其重要标志是具有一定从业规模、占有一定市场份额、产生相当的经济效益，能在市场细分和同业竞争中经受考验，对劳务经济和生产生活型服务的发展具有引领作用。

目前，劳务品牌进入新的发展阶段。在经济结构调整和产业升级的大背景下，面对日趋激烈的市场竞争和劳动力供求方面的新挑战，劳务品牌正在走转型升级之路：或从劳务输出升级到技术输出；或转型为商品制造、工程承包；或从吸收农村劳动力为主转为以吸纳城镇新生就业和再就业劳动力为主；或从纯劳务品牌转型为集服务、商品、行业品牌于一身的综合性品牌。因此，我们在研究探索劳务品牌的发展规律时，一定要把握好上述根本性特征。

三个核心要素就是在劳务品牌发展中体现出的共性的、起决定作用的“人员素质培训、服务质量优化、诚信经营可靠”三大要素。总结劳务品牌发展建设的实践，凡是在这三个方面做得好的，劳务品牌就具有生命力，就能够持续健康发展；凡是做得不好的，发展就会受阻甚至失败。

加强技能培训，提高劳务品牌队伍素质。劳务品牌的标志之一就是具有一批专项技能熟练的人员，这些人员奠定了高质量服务和可持续发展的基础。因此，加强职业技能培训是劳务品牌发展由数量粗放型向质量产业型转化、从业人员由低收入向高收入转化的重要措施。

在劳务品牌的发展过程中，杰出技能人才呈现出的精湛技术、优质服务，在市场经济中显示出生命力和光彩，例如，“正安吉他工匠”的先进工艺、“四川彩灯工”的微焊接技术、“云和师傅”

的蘑菇种植绝技、“陇原巧手”的指上绝活，等等，都应大力继承和弘扬。再如，“鲁西人力”在劳务品牌培训中多项创新举措也值得借鉴推广：一是坚持输出前对外出务工人员进行法律常识、公德礼仪、择业观念、竞争意识、生存能力和安全知识等系统性教育，把就业综合素质的培养作为提升输出人员竞争力的必要手段；二是依托职业技能学校，构建与市场需求相适应的专业设置和多功能技能培训体系，通过“校内生产实训、校外顶岗实习、企业订单培养”的方式实现培训和输出有效对接；三是通过与国内、国际知名航运企业及海事院校合作，为学员开辟了一条海员培训高薪就业的快捷通道；通过与焊接技术研究机构合作，开展国际焊接认证培训，得到了用工企业的充分肯定。

推进服务标准化，提升服务质量。服务质量是劳务品牌的核心价值和生命力所在，而标准化服务则是保持和提升服务质量的关键。在这方面，多年来部分行业、企业已有很多实践，例如，“沙县小吃”下功夫提升品牌服务质量和规范行业秩序标准，沙县小吃同业公会专门负责沙县小吃从业人员的培训、技术咨询、指导服务和技能竞赛、外出展出等工作，并通过商标注册、品牌管理、规范制度促进沙县小吃上档次、上水平，实现劳务品牌的整体提升，建立起了良好的社会形象。

“缙云烧饼”“云和师傅”“吕梁山护工”“广昌物流”“紫阳修脚”“天镇保姆”等，在提高服务质量和制定实行管理标准方面，也取得了一些进展。但从整体看，服务标准和管理标准的建设和规范还处在初始阶段，需总结经验，进一步开展专项研究，建立全国劳务品牌服务标准化体系。

建立健全诚信经营服务机制。习近平总书记指出：“各类企业都要把诚信守法作为安身立命之本”，可见诚信之重要。各地在实践中摸索出了很多为品牌增信的经验做法。如，建立诚信档案、表彰诚信劳务品牌运营主体、开展诚信宣传月活动、树立劳务品牌诚信个人榜样、建立失信运营主体处罚制度等，这些措施有效地激励了运营主体信用体系的建立，有力地促进了劳务品牌诚信建设工作。

有些地方的劳务品牌还建立了“诚信+”机制：在开展职业技能培训时学习“诚实守信、守法经营”相关课程，在服务标准中将诚信作为一项重要内容，将诚信的行为记录作为年终绩效考核的内容，建立劳务品牌“失信主体和个人名单”官网公布警示制度等。

两个增长极就是打造多维度劳务品牌生态圈，提升劳务品牌全媒体传播能力。

打造多维度劳务品牌生态圈。劳务品牌能否健康发展，不仅取决于品牌自身的条件和主体的努力程度，也取决于品牌所处的生态环境以及品牌和生态各要素之间的互动关系。一些地方在做好区域内核心品牌的同时，向生态化、平台化方向发展，建立起中小企业互利共生的产业生态体系，实现触通发展，已收到很好的效果。

“资溪面包师”是区域性和行业性劳务品牌与生态圈结合发展的一个典型。江西资溪县从构建培训基地、提升技术水平、加快品牌市场推广、建立金融支持体系等方面搭建了产业平台，建立了产品交易、产品研发、教育培训、创业孵化、信用认证、感受体验、商务会展、原料生产 8 个中心。此举吸引了众多企业入驻平台，带动面包产业转型升级，实现县域经济第一、二、三产业的有机融合发展。

贵州省正安县依托“吉他工匠”品牌建立起全球最大的吉他制造基地，又以生态圈发展理念推动吉他工业、吉他文化、吉他旅游“三位一体”融合发展。将吉他产品销往全球，辐射带动就业脱贫，吸引外来优秀工匠扎根，使劳务品牌扩展连接为工业品牌、文化品牌、旅游品牌，带动了地方经济和就业的大发展。

提升劳务品牌全媒体传播能力。一些地方在劳务品牌的推广与宣传中充分利用“传统媒体+新媒体”“线上+线下”等多种方式，利用现有报纸、电视、杂志、网站、微信、微博等媒体，积极探索融媒体时代劳务品牌的宣传和推广，取得了较好效果。

以湖北省劳务品牌“潜江龙虾工”为例，当地利用“中国龙虾之都”潜江的声誉，打造潜江龙虾产业，带动劳务品牌的发展，形成从养殖、捕捞、加工、收购、贩运到烹饪、调料秘制、销售等全产业链的产业布局。在宣传推广中，结合龙虾之都建设的战略目标，以提高品牌质量为出发点，通过技能训练培养高素质的劳务人员，通过跟踪服务、良好口碑和贴心服务提升品牌知名度，宣传和推介企业全方位的发展、多人才的培养和高标准的服务，使这一劳务品牌形成了强大的影响力。

以上是我们经过调查研究，对劳务品牌发展几个特点的分析，其中，三个核心要素和两个增长极，既是目前一些劳务品牌做得好的经验总结，也是今后全国劳务品牌发展需要下大力气解决的重点问题。2021 年年初，我们完成了关于劳务品牌的研究报告，将发布在网上交流平台供大家参考。

2021 年 8 月 24 日，人力资源社会保障部等 20 个部委联合发文，对劳务品牌建设提出指导意见，我们要按照文件提出的工作方向和总体要求，继续推动劳务品牌建设上一个新高度，为振兴农村经济和促进就业作出新的贡献。

品牌建设是一个系统工程

中国品牌建设促进会副理事长兼秘书长　郑志受

一、品牌的内涵与商标的关系

ISO 20671：2019 对品牌作了明确定义：品牌是无形资产，包括（但不限于）名称、用语、符号、形象、标识、设计或其组合，用于区分产品、服务和实体，或兼而有之，能够在利益相关方意识中形成独特印象和联想，从而产生经济利益（价值）。

国际保护工业产权协会对商标作出的定义是：商标是用以区别个人或集体所提供的商品及服务的标记。根据《中华人民共和国商标法》，商标是能将自己的商品（含服务）与他人的商品（含服务）区别开的可视性标志。

商标和品牌是两个概念，不能混淆。从名称上看，不管是中文还是英文，二者都是不同的，品牌的英文是 brand，商标的英文为 trademark；从起源上看，商标在东周时期酒类上使用“杜康”标识作为其起源，而品牌在西周时期便以山东寿光“己侯壶”刻有“己侯乍铸壶，事小臣台汲，永宝用”作为其萌芽，比商标早几百年；从内涵和外延上看，品牌比商标的内涵更丰富，外延更广泛；从所有权上看，商标掌握在注册人手中，而品牌则植根于消费者心中；从传播上看，“驰名商标”字样是不能用于广告宣传的，而品牌则需要广泛地传播，需要“讲故事”。但商标和品牌又有密切的联系：当品牌需要保护，特别需要法律保护的时候，注册商标是最有效的手段；当注册的商标和品牌的标识一致时，商标就代表着品牌；商标是品牌的一种表现（保护）形式，是形成品牌的重要方面，是品牌无形资产的组成部分。

二、如何建设品牌

品牌建设是一个系统工程，需要各部门协调推动，久久为功。

品牌组织者（企业）需要做好如下工作：一是研究市场（细分市场）且找准定位（品牌定位）。要根据产品本身的特点、企业的资源条件、成本效益比和竞争者找准定位。明白自身的核心形象是什么，着力点和关键利益在哪里；清楚自身的优势是什么，与优势品牌的接近点在哪里；知道与竞争对手的差异是什么，哪些需要强化和拓展的，哪些需要弱化的；懂得消费者是谁，主要受众是哪些，次要受众是哪些。二是做好品牌设计。要遵守易读易记、构思巧妙、富蕴内涵、避免雷同、协调互映、尊重习俗、富有个性的原则。三是建立品牌建设发展规划。搭建扁平化的组织架构，由一把手亲自抓；从长期、中期、短期三个角度制定实施方案，确保规划的可操作性和可实现性。四是实施标准化战略。注重产品质量，在设计研发、生产、加工、管理等环节实施标准化措施。对于劳务品牌，则注重劳务人员素质，在技能培训、诚信建设、考核评价、信息管理等环节实施标准化管理。五是建立品牌营销体系。要根据自身核心理念与当地的民风民俗而为之，注意是“clone”而非“copy”。六是做好品牌传播。要把传播企业文化和产品核心价值作为推广品牌的主要手段。可以采用传统的广告传播；如具备条件应更好地利用公关传播；一定要慎重进行促销传播，注意方式、时间、质量和兑现行为。七是增强品牌保护意识和危机应急处理能力。更好地应用商标、专利等知识产权法律保护手段，同时通过设计、防伪、宣传、打假、管理等方式进行自我保护，在出现品牌危机时，要快速反应，不要急于否认一切。

政府要为品牌建设规范市场秩序，在市场准入、质量追溯、地标保护、市场监管、法律法规等方面有所作为；在建设基础条件、流通市场环境等方面完善基础设施；在专业人员教育、职业技能培训等方面为品牌人才培养做好服务；在畅通融资渠道方面搭建融资平台；在国际贸易交往和贸易协调方面提供支撑。

中介组织要具有大局观念，组织、协调有关方面，积极推动、培育自主品牌，同时做好自律。

消费者要热爱自主品牌，支持国货，体现爱国情怀。

总之，品牌建设需要政府搭台、中介组织推动、消费者买单、新闻媒体传播正能量。当然最主要的是需要品牌组织者（企业）积极有为，发挥主角作用，练好“内功”。

叫响“豫字号”劳务品牌 推进实现更加充分更高质量就业

河南省人力资源和社会保障厅

作为人口大省、农村劳动力资源大省，河南坚持把劳务品牌建设作为推进实现更加充分更高质量就业的重要抓手，凝神聚力、多措并举，累计带动近千万农村劳动力就业。

一、因势利导，发挥劳务品牌规模效应

20 世纪 80 年代开始，河南省委省政府提出大力开展劳务输出，积极推进农村劳动力转移就业，外出务工农村劳动力遍及全国各地和 40 多个国家。各地加强农村劳动力转移就业培训，提高劳务输出组织化程度，形成了一些有影响的劳务品牌。2000 年以后，各级劳动保障行政部门在调查摸底的基础上，发现并培育了首批 10 个“河南省知名劳务品牌”和 20 个“河南省优秀劳务品牌”。2007 年，原劳动保障部在河南举办首届全国劳务品牌展示交流大会，各省市参会 2000 多人、参展劳务品牌近 300 个，引起轰动效应。近十多年来，河南积极为劳务品牌发展保驾护航，劳务品牌日益成为提高劳务质量、增加劳务收入的重要载体，形成了“林州建筑工”“鄢陵花工”“遂平家政”“唐河保安”等 10 多个规模较

大的劳务品牌，从业人数达到200多万。

二、分类推进，促进劳务品牌特色发展

围绕地域特点、资源禀赋和市场需求，巩固提升传统劳务品牌，增强劳务品牌的影响力和竞争力。一是依托乡土文化，引导劳务品牌规模化发展。镇平县发挥“玉雕之乡”优势，通过举办初级培训班、开办高级研修班等方式，传承传统雕刻技艺，培养高素质专业人才，目前已拥有十大玉雕专业市场、3万多个摊位，从业人员达到30多万人。固始县发挥当地老乡团结发展的传统，一带多、多带帮，在不少地方形成了具有固始特色的“产业圈”。北京市的“城外城”汽配城，有固始籍商户近1000家，占该汽配城的60%；江苏吴江市震泽镇，有从事纺织印染的固始籍员工7万多人，约占当地人口总数的一半。西华县“逍遥镇胡辣汤”是中原传统美食，当地大力推行“先培训、后发证、再输出”的模式，截至2021年，从事经营胡辣汤及相关产业的人员近12万人，带动脱贫人口就业约2.3万人。各地以做大做强特色名吃为载体，形成“灵宝小吃”“长垣阿五大鲤鱼”“开封花生糕”“豫东肉盒”等一批劳务品牌，“中国粮仓”变“国人厨房”，大大提升了就业容量和就业内涵。二是依托优势产业，引导劳务品牌技能化发展。平舆县立足建筑防水产业优势，为防水企业和从业人员提供一站式办证、维权和暖心服务，防水从业人员近30万人，年直接劳务收入200多亿元。鹿邑县通过开展专业化培训，积极推进尾毛化妆刷产业集聚发展，带动近10万人就业创业，被称为“世界尾毛看中国，中国尾毛看鹿邑”。三是依托人文传统，引导劳务品牌特色化发展。登封市大力推广武术运动，重点培育武术教育、武术演艺、

体育产业、军队特种作战等领域的人才，每年带动就业 7000 多人，被誉为“世界功夫之都”。民权县着力打造“民权画工”劳务品牌，当地从事画虎的农民有 4000 多人，其中王公庄村约有三分之二的农民从事绘画产业，被誉为“中国画虎第一村”。四是依托自然禀赋，引导劳务品牌集聚化发展。兰考县利用焦裕禄带领群众种下的泡桐，从事乐器加工制作，原来值不了几个钱的泡桐板，卖出了 18 万元的高价，使得兰考县被誉为“中国民族乐器之乡”。艾草是中国特有的中医药资源，在河南种植分布很广，各地大力推进艾业发展，催生了不少员工规模超千人的企业，形成以汤阴“北艾”、南阳“宛艾”为代表的劳务品牌。五是依托返乡创业，促进劳务品牌产业化发展。汝州市在省外有机绣技工 5 万多人，当地注重引导人员回流、产业回归，建成有 39 万平方米标准化厂房的汝绣产业园，入驻返乡创业企业近 200 家。淮滨县在外从事纺织行业 4 万多人，当地大力营造返乡创业环境，引回返乡投资 8000 万元，带动相关投资 18 亿元，发展 100 多家规模以上纺织企业，带动就业 8 万多人。从劳务品牌打造，到返乡入乡创业，再到就地就近就业，正在成为河南乡村振兴的一支重要力量，得到习近平总书记重要批示肯定。

三、技能引领，推进劳务品牌高质量发展

2009 年以来，人力资源社会保障部与河南省政府三次签署共同推进全民技能振兴工程备忘录，累计开展各类技能培训 4000 万人次，有力提升了劳务品牌层次。一是加大投入、提升素养。顺应省内外产业转型升级，累计投入财政资金 130 亿元，安排职业技能提升资金 40 亿元，有力促进了人力资源素质提升。不少省外人力

资源服务机构来到河南，开展省际劳务合作对接。二是产业主导、服务就业。大力开展“订单式”“定向式”培训，全面推进新型学徒制、现代学徒制，实施“招工即招生、入企即入校、企校双师”联合培养模式，打通劳动者就业的“最后一公里”。三是重大战略、赋予能量。聚焦乡村振兴、中部地区高质量发展、黄河流域生态保护和高质量发展战略，落实高技能人才振兴计划，开展“金蓝领”项目制培训，建成技能培训品牌基地 86 个，高技能人才培养示范基地 101 个，技能大师工作室 141 个，形成了一批专业化品牌，大大提升了劳动者供给层次。

下一步，我们将以此次会议为契机，认真贯彻落实人力资源社会保障部等 20 部门《关于劳务品牌建设的指导意见》，强力推进“一县一品牌”建设，着力打造劳务品牌建设先行区，让“豫字号”劳务品牌叫响全国、走向世界，为全面推进乡村振兴、促进河南更加出彩提供强大助力。

实施劳务品牌战略 全力打造“四张名片”

湖北省人力资源和社会保障厅

在人力资源社会保障部的正确领导和大力支持下，湖北省大力实施劳务品牌战略，先后评定了三批“湖北省十大劳务品牌”，评选表彰了“湖北省十大劳务品牌领军人物”。增强了湖北务工人员在劳务市场的竞争力，带动了300多万城乡劳动力转移就业、稳定就业、返乡创业，年创造劳务收入1800多亿元，促进了城乡劳动者特别是脱贫劳动力就业增收，促进了经济社会发展。

一、建立劳务品牌培育发展“四项机制”

（一）建立统筹推进机制

早在2005年，湖北省委、省政府就出台了《关于加快发展劳务经济的意见》，提出努力打造具有地方特色和竞争优势、享誉国内外的劳务品牌和职业教育培训品牌，依靠劳务品牌带动更多的富余劳动力转移，紧接着开展了三批“湖北省十大劳务品牌”评选活动；2013年，随着经济社会发展和劳动者素质不断提高，又下发了《关于进一步加强劳务品牌创建工作的通知》，各地成立工作专班，积极开展“一县一品”“一县多品”劳务品牌创建活动。历经十余年，已形成政府主导、人社牵头、部门联动的品牌创建机制，全省初具影响的区域性劳务品牌达120余个。

（二）建立孵化培育机制

将劳务品牌从业人员纳入职业技能培训补贴对象，对返乡创业人员进行创业指导并给予创业补贴和创业担保贷款，支持劳务品牌开发精品专业、精品课程、精品教材并给予最高20万元的资助。“蕲春艾灸师”“潜江龙虾工”劳务品牌均获得精品课程开发资助。承办全国劳务品牌建设研讨会，举办了三次“劳务品牌专家研讨会”，邀请高等院校专家教授研究探讨发展劳务品牌的长效机制。

（三）建立推介提升机制

组织开展湖北省劳务品牌领军人物评选活动，并在湖北电视台隆重举办了颁奖仪式，多家新闻媒体广泛宣传报道。编印《湖北省劳务品牌领军人物先进事迹》，并在全省公开发行。组织编写劳务品牌工作经验和典型案例，多篇调研分析报告在《中国就业》《中国劳动保障报》等媒体刊发。连续两年与湖北日报集团联合主办“探访荆楚劳务品牌”专栏，深入省内外品牌输出地进行连续跟踪宣传报道，大幅提升了劳务品牌知名度和影响力。

（四）建立跟踪服务机制

各级人社部门积极落实就业创业优惠政策，加强对劳务品牌的跟踪服务。黄冈市对品牌从业人员开展“五包服务”，即包组织培训、包送厂到岗、包合同到人、包维权服务、包春运接送。监利市成立“监利面点师劳务品牌协会”，对品牌从业人员开展培训、提供就业创业服务，组织从业人员参加技能大赛，不断提升劳务品牌质量。

二、实施劳务品牌成长壮大“四项举措”

（一）围绕历史传承打造劳务品牌

钟祥市豆制品加工历史长达2000多年，制作工艺独特，加工技术成熟，市场信誉度高，钟祥市素有“豆腐之乡”的美誉。截至2021年，“钟祥豆腐郎”劳务品牌从业人员有5万多人，遍布全国500多个城市和17个国家或地区。“蕲春艾灸师”“襄阳柳编技工”“大冶殷祖古建工”“恩施刺绣女”等，都是依托历史文化传承发展壮大的劳务品牌。

（二）围绕市场需求打造劳务品牌

20世纪80年代，监利市毛市镇一些农民凭借做包子、馒头的手艺外出谋生。历经30多年的发展，“监利面点师”从“一块案板、两根擀面杖、三口之家”的家庭经营模式，逐步转变为规模化、品牌化、集聚化的经营模式。据统计，“监利面点师”开设的门店达3万余家，遍布全国30多个省（市），“监利面点师”劳务品牌从业人员达50万人。

（三）围绕产业发展打造劳务品牌

蕲春县蕲艾企业有1850家，年产值超百亿元，是当地第一大支柱产业。蕲春县精心打造“蕲春艾灸师”劳务品牌，目前全国蕲春艾灸养生馆达15000余家，从业人员10余万人。浠水县是著名的“中国窑炉之乡”，打造“浠水窑炉工”劳务品牌，有窑炉企业147家，从业人员达5.6万多人。

（四）围绕地区优势打造劳务品牌

团风县毗邻武汉市，团风县抓住区位优势大力发展钢构产业，全县规模较大的钢构企业有32家，纳入了湖北省重点产业集群发展规划。团风县着力打造“团风钢构技工”劳务品牌，从业人员达4万余人。

三、推动劳务品牌提档升级“四个转化”

（一）转化为就业名片

“潜江裁缝”勤劳朴实，裁、剪、缝等缝纫手艺过硬，深受社会的欢迎，成为劳务市场的追抢者。“钟祥月嫂”诚实守信，吃苦耐劳，成为广州家政市场的“香饽饽”。“孝感抹灰工”在东三省的建筑工中独树一帜，口碑很好。劳务品牌凭借从业人员过硬的技术，诚信的服务，成为一张张靓丽的“就业名片”。

（二）转化为返乡创业名片

我省大力推进返乡创业、鼓励有能力的人回乡兴业，截至2020年底，已有1200多名“钟祥豆腐郎”回乡创业兴业，创办豆制品加工、新型建材、农业开发、农业养殖等企业306家，年创产值10亿多元。石首建筑防水工返乡创业开办180余家企业，年产值逾百亿元。

（三）转化为地方产业名片

由一把玻璃刀划出的劳务品牌“监利玻铝商”，领军人物彭小龙返乡投资 100 亿元兴建华中玻铝产业园，项目建成投产后可提供就业岗位 2 万余个，实现产值超千亿元，目前已签约入园项目 80 个。玻铝产业是该市最大的支柱产业，监利市也成为了全国著名的“玻铝之乡”。

（四）转化为城市发展名片

潜江市已形成小龙虾孵化、养殖、烹饪、深加工全产业链，年产值 520 多亿元。每年龙虾上市季节，前往潜江品尝龙虾的食客络绎不绝。

下一步，我们将认真贯彻落实人力资源社会保障部等 20 部门《关于劳务品牌建设的意见》，学习借鉴兄弟省市经验做法，落实部领导讲话精神，进一步加强组织领导，积极推行培训、就业、维权三位一体的工作模式，促进湖北省劳务品牌创新发展、提档升级，为巩固脱贫攻坚成果、助力乡村振兴贡献人社力量！

着眼劳务品牌“小切口”
撬动促进就业“新支点”

湖南省人力资源和社会保障厅

2021年以来，湖南深入贯彻落实党中央、国务院关于加快推进乡村人才振兴、实施劳务品牌促进计划等系列决策部署，以启动实施湖南省特色劳务品牌建设工程为着力点，充分发挥市场主体作用，突出政府引导扶持功能，聚力培训，就业全程服务，着力引导劳务品牌走市场化之路，全面助力产业化发展，在推动劳动者实现更加充分更高质量就业方面取得积极成效。

一、坚持政府、市场“两结合”，助力劳务品牌“从小到大”

在政府与市场两个维度同步发力，充分发挥市场在资源配置中的决定性作用，推动劳务品牌从无到有、从小到大。一是市场化运作。始终坚持劳务品牌市场化运作的思路，鼓励和引导龙头企业、职业培训机构、行业协会、人力资源服务机构等相关特色劳务市场主体作为劳务品牌建设单位，激发建设单位在组织培训、推荐就业、跟踪服务和品牌维护等方面的主体作用，为劳务品牌的培育建设集聚丰富的市场资源、灵活的运营机制和广阔的发展空间。比如，“湖南铸造工匠”“湖南颐而康保健师”等劳务品牌，分别依托当地铸造行业协会、龙头企业为建设单位，有力实现了劳务品牌建设的市场化多方协作、产业链上下协同。二是产业化培育。把打造劳务品牌作为发展劳务经济的重要抓手，立足湖湘深厚历史文化底蕴，聚焦习近平总书记赋予湖南“三高四新”的使命，注重在特色产业中发掘、从重点行业中培育，在优势特色资源中做好结合文章，促进劳务品牌建设与产业经济发展紧密融合，以劳务品牌的大发展为产业经济所需技能劳动力资源提供强支撑。例如，享有“中国陶瓷之都”美誉的株洲醴陵市，紧密结合当地支柱产业陶瓷产业，大力培育打造“醴陵陶瓷工匠”特色劳务品牌，全市现有陶瓷企业603家，产业从业人员近20万人。三是政策化引导。充分发挥政策引导作用，鼓励劳务品牌从业人员发挥技能优势和专业所长创新创业，为有创业需求的劳务品牌从业人员提供创业培训和创业服务，按规定落实税费减免、创业培训补贴、一次性创业补贴、创业担保贷款贴息等政策。被认定为湖南省特色劳务品牌建设单位的，根据政府购买服务相关规定，要求各地原则上按照每年不少于30万元、连续补贴不少于3年的标准给予补贴，支持建设单位深入开展劳务品牌建设各项工作。

二、坚持培训、就业“一体化”，助力劳务品牌“从虚到实”

按照“标准规范先行，培训就业一体”的工作思路，把提升培训质量和就业质量作为劳务品牌建设的重要内容，推动培训就业一体联动、无缝衔接，让劳务品牌在促进和带动就业方面发挥倍增效应。一是优化劳务品牌职业培训标准。聚焦服务特色劳务品牌发展，坚持技能就业导向，指导特色劳务品牌建设单位调整优化培训内容，建立健全特色职业技能培训标准和考核标准体系，大力开展多层次、多形式的特色职业培训项目，不断提高劳务品牌从业人员技能水平和就业能力。邵阳市家政服务行业协会为“邵阳月嫂”劳务品牌制定《邵阳市家政服务月嫂、育婴育儿嫂晋级标准》，逐步完善邵阳月嫂岗前培训、职业道德培训、从业后“回炉”培训等标准体系，促进劳务品牌规范发展。对开展劳务品牌特色职业技能培训的建设单位，按规定纳入补贴性职业技能培训范围。不具备培训资质的建设单位，引导其从省级优质培训项目库中选择相应项目协同开展培训。二是固化劳务品牌职业培训项目。将特色职业培训项目纳入湖南省专项职业技能培训项目保障范围，对在劳务品牌培育过程中产生的新业态、新工种，尚未纳入现有培训补贴政策范围的，通过《湖南省职业培训补贴标准目录》予以补贴，目前拟将“安化黑茶茶艺师”的安化黑茶制作、“津市牛肉米粉师”的津市米粉调制、“湘西绣娘”的苗族刺绣品制作等特色劳务品牌职业培训项目纳入补贴范围。三是强化劳务品牌人员有序输出。坚持“订单培训、定向输出”的工作模式，对建设单位开展有组织劳务输出的，按规定给予就业创业服务补助；将脱贫人口、农村低收入人口等困难群体作为劳务品牌优先输出就业服务对象，按规定给予社会保险补贴和一次性交通补助等扶持，努力在提高培训就业联动性、有效性和精准性上下功夫，推动劳动者在劳务品牌行业实现技能就业。“郴州建筑工匠”积极对接企业需求，开通“订单式”培训、“校企合作、企业组织、人社监督”等人员输出渠道；“湖南铸造工匠”以嘉禾县为中心辐射粤港澳大湾区、长株潭、北部湾等地，直接和间接输出从业人员近 10 万人。“电力湘军”以湘粤电力、湘乡电力等为代表的企业将事业版图扩展到东南亚、非洲和中东地区，带动成千上万的湘乡人海外务工，为国内电力企业响应

“一带一路”倡议树立了典范。

三、坚持推广、维护“全方位”，助力劳务品牌“从优到精”

着眼打造省内闻名、全国知名的精品特色劳务品牌，全方位加强劳务品牌宣传推介，全过程强化劳务品牌塑造维护，不断提高品牌知名度和影响力。一是在品牌塑造上着力。指导建设单位根据特色劳务品牌的特点和定位，深入挖掘品牌内涵，从品牌命名、标识设计、形象展示等方面着手，做好品牌战略规划、设立品牌目标、形成品牌文化。指导“醴陵陶瓷工匠”围绕“陶瓷机械+钳工”“陶瓷销售+网红主播”“陶瓷成型+器型研发与推广”等方向，建立健全覆盖陶瓷全产业链的产销体系。二是在品牌推介上着力。在湖南省人力资源社会保障厅官网、“湘就业”微信公众号等平台开设湖南省特色劳务品牌宣传专栏，集中分批宣传优秀特色劳务品牌，在全社会营造“塑造劳务品牌、消费劳务品牌、热爱劳务品牌”的浓厚氛围。指导推介特色劳务品牌积极参与行业评比展示交流活动，不断提高品牌知名度和美誉度，如津市牛肉米粉荣获“中国牛肉米粉之乡”授牌，刘聋子粉馆荣获“湖南老字号”“2020年湖南米粉擂台赛最佳人气奖”，进一步提升了“津市牛肉米粉师”劳务品牌影响力。三是在品牌维护上着力。引导劳务品牌建设单位重点从人员素质、劳务质量、诚信务工等方面加强品牌维护，指导其做好特色劳务从业人员输出后的技能提升、权益保护等服务管理，持续提升品牌竞争力。充分发挥人社部门的监管引导作用，通过从业人员电话回访或第三方评价等方式加强对特色劳务品牌的动态监管，不定期开展劳务品牌建设情况抽查，对培训质量不高、社会认可度差、劳务输出效果不佳的劳务品牌要求限期进行整改，并将抽查和整改情况纳入年度复核考核指标。

下一步，我们将深入贯彻人力资源社会保障部等20部门《关于劳务品牌建设的指导意见》，按照本次会议要求，结合湖南特色劳务品牌建设工程，聚焦劳务品牌发掘培育、发展提升等环节，进一步整合资源、加大力度，积极促进劳务品牌规范发展，为全面推进乡村人才振兴，推动实现更加充分更高质量就业贡献力量。

做大做强“三项工程”打造广东劳务品牌

广东省人力资源和社会保障厅

近年来，在人力资源社会保障部的大力指导下，广东省人社部门坚持以习近平新时代中国特色社会主义思想为指导，按照党中央、国务院和省委、省政府的部署要求，紧扣劳务品牌高质量发展，坚持市场化运作、规范化培育，强化技能化开发，提升组织化程度，健全劳务品牌建设机制，塑造劳务品牌特色文化，积极打造“粤菜师傅”“广东技工”“南粤家政”三项工程金字招牌，不断满足人民日益增长的美好生活需要，为全面推进乡村振兴、促进经济社会高质量发展提供强大助力。

一、塑造系统完备的政策制度体系

一是坚持高质量发展政策方向。先后高规格出台《推动“粤菜师傅”“广东技工”“南粤家政”工程高质量发展意见》《三项工程保就业促发展实施方案》《全面推进乡村振兴工作方案》形成以高质量发展意见为主体的“1+N”政策制度体系。二是配套出台相关政策举措。配套制定“粤菜师傅”“广东技工”“南粤家政”标准开发、评价认定、就业创业扶持、职业技能培训、职业技能等级认定等政策举措，印发《广东省“文化技工”建设实施方案》和《潮汕地区“文化技工”建设工作方案》，不断健全各项配套政策。三是强化就业创业政策帮扶。对符合条件的“粤菜师傅”“广东技工”“南粤家政”创业人员，给予一次性资助、补贴、担保贷款或贴息等政策扶持。与中国银行、中国农业银行等联合推出面向“粤菜师傅”“广东技工”“南粤家政”工程的专属融资服务。

二、搭建独具特色的多元培育平台

一是以院校培养为基础。全省开设粤菜厨艺类专业职业院校、技工院校 189 所，在校生 6.98 万人，建成省级重点和特色专业 17 个。283 所各类院校开设护理、老年服务与管理、幼儿教育等家政相关专业，在校生约 13 万人。全省技工院校 146 所，在校生 60.87 万人。二是以平台建设为依托。全省建有国家级高技能人才培训基地和技能大师工作室各 50 个，省级“粤菜师傅”培训基地和大师工作室各 100 个、省级“南粤家政”综合服务示范基地 11 个。三是以职业技能提升行动为抓手。把“粤菜师傅”“南粤家政”列为十大重点培训项目，聚焦 10 个战略性支柱产业和 10 个战略性新兴产业，部署实施百万产业工人和百万职业农民培训计划。全省累计开展补贴性职业技能培训 600.8 万人次。三年来，“三项工程”累计开展培训 602.35 万人次。

三、打造合作共赢的劳务协作亮点

一是积极开展“粤菜师傅”技能培训。根据东西协作和对口支援地区的不同需求，实施“请进来”学制培养、“送上门”短期培训、“普及性”远程教育和“组织化”劳务协作四项行动，帮助协作地区劳动力就地就近就业和转移来粤就业。近年来，我省累计为对口帮扶省区提供“粤菜师傅”培训5 600多人次。二是大力推进“南粤家政”对接帮扶。实施“家政服务劳务对接扶贫”行动计划，聚焦家政服务师资培养和家政服务人员技能培训，帮助贫困劳动力实现就地就近就业或转移来粤就业。联合广西开展“南粤家政”“壮家女”母婴护理员师资培训，组织广东优质师资赴西藏林芝市技工学校帮扶开展家政服务培训。2020年以来，我省为帮扶地区提供家政服务培训3.03万人次。三是开展“广东技工”对口援建。充分发挥广东技工教育的优势，从技工学校专业建设、师资队伍建设、教学设施设备规划、技师学院申报策划等方面进行援建，开展挂钩组团式帮扶，成功帮助喀什地区技工学校实现“普通技校—高级技校—技师学院”三级跨越式发展，林芝市技工学校成为西藏7地市第一所技工院校。

四、壮大广东品牌的战略影响力量

一是强化赛事驱动。参加5届世界技能大赛，累计金牌数、奖牌数分别占全国的42%、41%，均居全国第一。承办第一届全国技能大赛，金牌数占全国的37%，金牌数、奖牌数和团体总分均居全国第一。成功举办第一届全省职业技能大赛，构建了以世赛为龙头、国赛为主体、省赛为基础的职业技能竞赛体系。二是强化宣传造势。组织开展世界技能大赛系列、“粤菜师傅”“广东技工”“南粤家政”等主题宣传，打造“技行天下”电视节目品牌，开展重点工程采风活动，组织“南粤工匠、劳模进校园”活动，编印“粤菜师傅”幸福菜谱、抗疫菜谱、“广东技工”工程系列教材，有效扩大品牌影响力。三是强化品牌保护。增设广东省“粤菜师傅”“广东技工”“南粤家政”工程品牌保护工作小组，对外正式启用“南粤家政”工程形象标识，持续加大品牌保护工作力度。

五、发挥技能致富的良好示范效应

一是优化就业创业服务。举办形式多样的“粤菜师傅”“南粤家政”专场招聘活动，建设一批创业孵化基地、创业店，打造“广东技工在线”网络平台，构建起线下线上一体化、定向普惠相结合的就业服务模式。二是拓展就业创业渠道。各地建设一批“粤菜师傅”“南粤家政”创业孵化基地、家政产业园、服务超市和基层服务站点，“粤菜师傅”累计带动就业创业 60.96 万人次，“南粤家政”累计带动就业创业 133.09 万人次。三是扩大就业创业容量。实施“粤菜师傅”与粤菜产业共同发展计划，促进种植业、餐饮业和旅游业协同发展。打造 32 条粤菜美食主题旅游精品线路，涵盖 384 个乡村旅游粤菜美食点。实施“南粤家政”与现代服务业相互促进计划，首批认定 13 家省级龙头企业和 18 家诚信示范企业，发布首批 10 家“信得过”家政企业，涌现出“鹏城管家”“丹霞月嫂”“德庆管家”等地方特色品牌。

下一步，我们将深入学习贯彻习近平总书记“七一”重要讲话精神，全面落实本次会议要求，坚持能力开发、政策扶持、产业带动、龙头引领、服务促进一体推进，发挥广东资源禀赋、文化特色、产业基础等优势，加强对劳务品牌的发现培育，加快对劳务品牌的发展提升，加速对劳务品牌的壮大升级，培育、创建、发展一批有特色、有口碑、有规模的劳务品牌，为全面推进乡村振兴、促进高质量发展作出应有贡献。

壮大拉面劳务品牌　全力助推乡村振兴

青海省化隆县人民政府

化隆回族自治县位于青海省东部，面积为2740平方千米，人口约31万，有回、汉、藏、撒拉等15个民族，少数民族人口占总人口的83.6%。20世纪80年代，在改革开放大潮下，化隆拉面人以厦门等地为起点，闯出一条以小拉面带动大民生的新路子。目前，化隆人在全国280个城市开办拉面店1.8万家，在马来西亚、土耳其等国开办拉面店100余家。从业人员超过11万人，年产值近百亿，化隆县被评为全国劳务输出示范县。

一、主要做法

（一）突出“培训”，做大劳务品牌

强化技能培训，举办拉面师培训班350期，培训约1.9万人次，全县持证拉面师达1.1万人。实施建档立卡贫困对象“带薪在岗实训+创业”计划3885人，开办扶贫拉面店91家，年工资性收入1.2亿元以上。通过“拉面品牌企业+贫困户”模式，引导686户贫困户共2664人将产业扶持资金以折股量化形式与品牌拉面店合作开办“扶贫创业拉面店”，参与“股金+薪金”双收入的

扶贫对象达 197 人。

（二）突出“产业”，做强劳务品牌

按照“互联网+拉面+N”的思路，规划建设了青海扶贫拉面产业园，启动了拉面餐饮一条街和牛羊肉深加工项目建设。引导从事拉面产业的成功人士返乡创业，带动 1.48 万户群众从事油菜种植、牛羊养殖等产业，引导建档立卡贫困户 1100 多人实现就业。

（三）突出“服务”，做优劳务品牌

充分利用县、乡、村三级就业服务网络和电商中心信息平台，年发布拉面店用工信息 2.5 万条，组织培训拉面管理人才 800 余人，为拉面产业提供人力支撑。累计发放拉面贷款 3.5 亿元，贴息 3300 万元，积极引导拉面产业提档升级发展。

（四）突出“宣传”，做活劳务品牌

设立驻省外拉面经济服务办事处 47 个，成立拉面务工人员临时党支部 14 个，与 20 多个城市有关部门建立长效协作共管机制。注重宣传引导，成功举办拉面创新论坛、拉面技能大赛，2017 年中央电视台《新闻联播》“新春走基层”栏目对化隆拉面进行了专题报道。电影《拉面王子》《拉面拉出异国爱情》在各院线成功上映。

（五）突出“示范”，做精劳务品牌

坚持品牌引领，2018 年成功注册“化隆牛肉面”品牌，对统一装潢、统一标识、统一品牌、统一服务的拉面品牌店予以重点扶持，发挥其品牌推广、连锁发展的示范引领作用。目前，已在各大、中城市创建“四统一”拉面示范店2100家，“五好经营户”1910家。

二、取得成效

经过多年发展，“化隆牛肉拉面”劳务品牌取得了显著的社会经济效益，被形象地称为“五碗面”。在脱贫攻坚层面，化隆牛肉拉面是一碗引领群众创业脱贫的“致富面”。拉面产业创造收入占到全县劳务总收入的70%，产业每年实现工资性收入2.1亿元，从业人员年均收入占农民年人均收入的54%。在社会治理层面，化隆牛肉拉面是一碗促进全县社会稳定的“和谐面”。通过拉面产业，11万人实现安居乐业，大批群众跳出“农门”、迈进“城门”、跨出“国门”，视野更开阔，守法意识明显增强，为“平安化隆”建设做出积极贡献。在民族团结层面，化隆牛肉拉面是一碗推动民族团结进步的“幸福面”。小拉面带动化隆五大餐饮产业群形成，涌现出“全国劳模”“广州好人”“青海高原工匠”等典型人物5000余人，越来越多青海拉面人在各地扎根生活，民族团结之花大放光彩。在民生福祉层面，化隆牛肉拉面是一碗提升人民生活品质的“小康面”。拉面产业带动老百姓就业增收成效明显。在其带动下，更多老百姓过上了幸福生活，全县涌现出一批“拉面村”“轿车村”“小康村”。在经济建设层面，化隆牛肉拉面是一碗建设社会主义现代化的“振兴面”。拉面产业及返乡创业涉及23个行业，在全县开办的公司、合作社达1500个，实现年产值8.6亿元，为全县经济社会发展做出了巨大贡献。

三、下一步打算

下一步，我们将以乡村振兴战略为引领，推动实施拉面产业六大提升工程，促进拉面劳务品牌持续健康发展。

（一）“一镇”，即特色（拉面）小镇建设工程

以化隆县被国家发展改革委、财政部等10部委确定为返乡创业试点县，群科镇被住房城乡建设部确定为特色（拉面）小镇为契机，加快建设以餐饮文化为主，集民族特色产业、旅游康养、生态环境保护为一体的特色（拉面）小镇。

（二）“一园”，即青海拉面产业园建设工程

将产业园建成具有区域影响力和高原特色的拉面食材供应“中央大厨房”，促进三次产业融合发展。力争到2025年园区入驻小微企业100家以上，新增就业岗位2.5万个，实现年产值100亿元以上。

（三）“一网”，即化隆智慧拉面（特色产业）信息化服务大数据平台建设工程

建设化隆智慧拉面（特色产业）信息化服务大数据平台，通过数据跑路，推动电商产业发展，打造宣传大美青海、推介拉面品牌的网络“主阵地”。

（四）“一店”，即化隆1.8万家拉面店提档升级工程

推广“化隆牛肉面”品牌旗舰店1000家以上，培育打造具有

青海地方特色的拉面饮食文化节，提升“化隆牛肉拉面”劳务品牌的知名度。

（五）“一路”，即在“一带一路”沿线国家打造100家“化隆牛肉拉面”品牌店工程

鼓励拉面企业为重大国际展会提供服务，对进驻世博会、世园会、广交会等展会的拉面企业，给予10万~50万元的奖励，努力推动拉面品牌化发展。

（六）“一人”，即建设拉面人“互联网+”服务管理工程

建立网上政务服务等便民机制，为拉面从业人员办理社保接续、异地就医等保障服务，努力解决好拉面人的“后顾之忧”。

研究成果

关于推进劳务品牌创新发展的研究报告（摘要）

一、农村劳动力转移就业发展催生劳务品牌（略）

随着改革的不断深入，农村劳动力转移就业过程中开始出现了一些新的变化，从单个的、无组织的自发进城务工到有组织、大规模的劳务输出，从单纯的体力型输出到体力型与智能型、技术型输出相结合，从地域内就地转移到与跨地区转移相结合，从城乡之间季节性流动到越来越多地融入城市。同时，在市场经济的大环境下，服务于转移就业的劳务性组织和中介机构有了较大发展，专业化的服务进入了劳务输出工作和劳动力市场中。随着组织化程度的提高，农村劳动力转移就业输出规模的扩大，一批“劳务品牌”应运而生。一些劳务输出大省，特别是拥有丰富农村劳动力资源的中西部地区，充分意识到了劳务品牌的重要带动作用，许多劳动就业服务机构把打造劳务品牌作为提高劳动力转移就业层次、发展当地经济的重要手段，予以政策、资金等方面的扶持和大力宣传推介，精心培育出一批在区域乃至全国、全世界叫得响的劳务品牌。劳务品牌所代表的较高的素质、较好的管理和优质的服务，不仅使其成为推动劳务经济发展的引领者，并且也成为社会对劳务提供者

本文摘自中国就业促进会 2013 年《推进劳务品牌创新发展的研究报告》。

价值的认可证明。

因此，培育和打造劳务品牌，已成为各地扩大农村劳动力转移就业规模和提升转移就业层次的一种有效途径。

二、劳务品牌发展历程及其特征

（一）劳务品牌发展状况

1. 相关概念

（1）品牌。“品牌”一词是外来语，源于古挪威语的“brandr”，意思是打上烙印，《英汉大辞典》里解释其为商标或商品的牌子。美国市场营销协会（AMA，American Marketing Association）将品牌定义为一种名称、术语、标记、符号或图案，或是它们的相互组合，用以识别某个销售者的产品或服务，并使之与竞争对手的产品或服务相区别。

（2）劳务。劳务是经济学术语，是指无形的效用性服务，即不以实物形式而以提供活劳动的形式满足他人某种需求的劳动活动。我国研究学者认为：劳务是指通过劳动者自己的体力、智力或技能向需求者提供劳动服务并获取报酬的行为。

（3）劳务经济。劳务经济是在农村劳动力转移过程中形成的一种新的经济形式。这种经济形式的动力不是投资，不是技术专利，而是劳务。劳动者凭借其本身的体力、技能和智力，通过承担劳务性工作，参与生产力发展，并获得相应的劳务收入。同时，这种劳务方式不是单个人的行为，而是一个群体、一批企业、一些地区的规模效应。我国劳务经济具有经济发展与就业增长相互结合的特点，经济靠低成本劳动力获得起步发展，就业规模因有劳务输出而得到扩大，特别是一大批农村劳动力通过劳务经济迅速转移到非农产业，并取得经济收入，反哺到农村，使农村发展得到新的动力。从广义上来讲，从事劳务中介、人力资源服务的人员，也属劳务经济范畴①。

（4）劳务品牌。劳务品牌是农村劳动力转移就业过程的新生事物。通过综合一些学者的研究，以及近些年对国内劳务品牌形成特点和规律趋势的总结分析发现，劳务品牌最初是某一区域的劳动力群体，在市场竞争中因劳务人员的娴熟的技术技能、诚信的服务意识、优质的服务效果等为社会所认同，并通过政府的有序引导形成了带有某一行业、某一职业、某一技术技能的明显特色，从而与其他劳动者产生明显区别的群体标识。随着农村劳动力转移就业的发展变化，劳务品牌已远远超出了此范畴。由于许多人力资源机构、劳务机构和行业组织的介入，劳务品牌不再仅仅指政府部门对转移劳动力的培育和输出，它还包括了企业、机构等实体组织对劳务人员更加精细化和人性化的管理与服务。

综上所述，劳务品牌可以定义为：某一区域、某一行业的劳动者根据市场需求，在管理主体（包括政府、行业或企业等）的引导、培育和管理下，凭借其优秀的素质技能、诚信的服务意识、优质的服务质量，形成具有特色、相对稳定、拥有较高知名度的劳务标识，在市场细分和竞争中经受考验。其重要标志是具备一定从业规模、占有一定市场份额、产生较高经济效益，对劳务经济和就业服务具有引领作用。

2. 劳务品牌基本情况

近年来，随着中国市场经济的深入发展，农村富余劳动力转移

① 引用自中国就业促进会会长张小建在 2011 年湖北劳务品牌研讨会上的讲话。

就业规模不断扩大，层次逐步提升，商品品牌的理念逐渐被引入到劳务输出工作和劳动力市场中，形成了许多区域性劳务品牌。深圳的出租汽车司机中有60%是来自湖南的“攸县的哥”；在大江南北主厨掌勺的厨师约有2万余人是来自河南的“长垣厨师”；在全国各地的家政服务市场活跃着600多万名来自四川的“川妹子”。2007年11月，中国就业促进会在郑州举办了劳务品牌展示交流大会，来自全国各地的300余个劳务品牌集中亮相。这次活动产生了很好的宣传推动作用，引起了政府及社会有关方面对劳务品牌建设工作的重视。许多地区纷纷采取多种措施，大力推进劳务品牌建设工作。截至2013年，全国31个省都已陆续推出本地区的知名劳务品牌，全国劳务品牌数量达453个①，而实际上的品牌数量远远不止这些。

（1）劳务品牌的区域分布。通过对453个劳务品牌的汇集分析，可以看出，劳务品牌数量居多的主要以劳务输出大省（甘肃、河南、河北、广西、湖北、四川）、东北老工业基地（辽宁、黑龙江），以及华东地区（山东、江苏）为主。这说明劳务品牌主要是由输出地区打造和培育的，是劳务输出地区提升转移输出质量的一种重要举措，是中西部地区促进农村劳动力转移就业、东北老工业基地解决下岗失业人员转移安置就业、以及华东地区有关省实现省内区域转移的一种品牌战略。

（2）劳务品牌的产业分布。通过对这些劳务品牌的汇集分析可以看出，劳务品牌在第一产业中的比例很小，只有2%，主要是结合本地资源发展种植产业而衍生出来的劳务品牌，如人参养殖加

① 该数据是中国就业促进会通过近6年的工作实践，在对各地劳务品牌实地调研和搜集整理基础上得出的。

工等。劳务品牌大多集中在第二、第三产业中，比重分别为 38% 和 60%。此外，劳务品牌涉及的行业领域也非常广泛，包括第二产业的加工制造业、建筑业等，以及第三产业的家政服务、社会服务、技术服务领域。由此可以看出，劳务品牌的产业分布与农村劳动力转移主要集中在第二、第三产业这一特点相当吻合。

（3）劳务品牌的输出及经济带动情况。通过对 2012 年新搜集的 85 个数据信息较全的劳务品牌情况进行分析①，可以看出，通过劳务品牌组织转移就业的人数在第一、第二、第三产业中的比重分别为 0.2%、28.4%、71.4%。品牌转移就业带来的劳务经济收入在第一、第二、第三产业中的比重分别为 0.4%、25.6%、74%。

在第二产业中，建筑类劳务品牌数量较多，几乎占据一半份额。而建筑类品牌转移就业的人数和带来的经济收入，在第二产业劳务品牌中占到 75.5%和 57%。

在第三产业中，如家政服务、商务服务、社会服务等生产和市场服务类劳务品牌数量几乎占据了 85%的份额，而其转移就业的人数和带来的经济收入，在第三产业劳务品牌中占到 95%和 96%的份额，其余份额基本为餐饮等消费服务类的品牌。

3. 劳务品牌的类型及典型案例分析

劳务品牌的类型划分没有一个明确的标准。有的依据政府角色定位，将劳务品牌划分为政府主导型、政企合作型和典型示范型；有的依据行业职业特点，将劳务品牌划分为有建筑类、家政类、技工类，以及再细分为建筑防水工、架子工、瓦刀大军等；也有的依据形成原因，将劳务品牌划分为“先天性”和“后天性”劳务品

① 85 个品牌的产业分布情况与前面 453 个品牌产业分布情况吻合，说明依据其分析的转移劳动力数量、创造收入等在合理范围内。

牌。通过对400多个劳务品牌进行梳理，大致可以分为以下四种类型：

（1）地域特色类劳务品牌，即通过发挥地域优势，挖掘传统工艺，培育打造的具有地方特色的劳务品牌。如“扬州三把刀”“吴忠阿语翻译”等。其中的“扬州三把刀”之所以扬名，关键在其抓住了品牌发展的关键要素：一是注重挖掘品牌的历史文化底蕴。通过媒体宣传、技能展示、申报非物质文化遗产、出版文化书籍等方式为“扬州三把刀”品牌注入文化内涵。二是发挥行业组织作用规范管理。通过成立烹饪、美容美发和沐浴行业协会、编写“扬州三把刀”培训教材、制定行业操作规范与标准等手段，加强行业自律，为“扬州三把刀”的长效发展提供了有力支撑。三是培训鉴定双结合提升市场竞争力。加大培训力度，技能培训与考核发证相结合，帮助劳务人员取得职业资格，增强了劳务人员的市场竞争力。四是纳入政府规划创新发展。扬州市政府把“扬州三把刀”的创新发展纳入商贸流通业“十二五”发展规划，围绕“扬州三把刀”开展服务创新试点工作。

（2）行业需求类劳务品牌，即结合市场变化，打造符合产业技术要求和行业需求的劳务品牌。如，“石首建筑防水”“攸县的哥”等。其中的“石首建筑防水”品牌的成功因素在于：一是注重意识提升树品牌。市长挂帅成立石首市建筑防水协会，通过整合建筑防水产业各经济实体，形成了建筑防水产业集团式发展的格局，并先后出台了一系列措施，强化各部门树立劳务品牌意识，确保财政保障，给予政策补贴。二是注重培训引路育品牌。通过引师资、添设备、编教材，以各建筑防水企业为培训基地，专门面向农业富余劳动力开展了建筑防水技术培训，大力提升劳务人员技能。

三是注重规模输出立品牌。通过设立省际劳务基地，有组织地输出就业。现已在全国设立劳务基地300多个，其中可容纳农村劳动力万人以上的省级劳务基地就有7个。四是注重项目管理促品牌。通过设立业务代理网点，将建筑防水业务代理做成创业项目，通过项目管理的方式促进品牌的延伸。五是注重产业带动强品牌。石首市政府通过针对性地给予技术、信息、资金等支持，鼓励扶持石首籍在外人员创业；通过建筑防水专业技能大赛，评选优秀建筑防水技术人才，在提升品牌知名度的同时，扩大品牌辐射效应。

（3）项目载体类劳务品牌，即以项目组织运作的方式，依托项目影响力而打造培育的劳务品牌。如，“林州建筑”“吉林保安”等。其中“吉林保安”品牌的成功原因，主要在于：一是项目组织到位。瞄准社会对高素质保安的大量需求，以“万名保安进北京”项目为有效载体，打造“吉林保安”品牌。每年吉林省统一组织部分重点市县深入输入地实地考察，有选择地确定合作伙伴。同时，坚持输前培训，使从业人员掌握基本的业务知识和技能，确保输出质量和稳定率。二是政府领导到位。吉林省政府部门高度重视劳务品牌的建设，积极整合资源，根据市场需求，确立项目，并将其作为“一把手工程”，全力打造劳务品牌。三是资金扶持到位。省财政部门每年为“吉林保安”投入近300万元作为组织输出工作补贴。四是跟踪服务到位。为使吉林保安“出得去，留得住，干得好，挣得多”，注重输前引导、输中扶持、输后服务，特别强化输出后管理和跟踪服务。利用驻外劳务机构，通过维权热线、联系卡等方式，了解掌握从业人员情况，及时开展维权服务。五是宣传引导到位。通过省内外宣传媒介，扩大品牌影响力。吉林电视台“走出黑土地”“创业天下”等栏目，专门制作专题节目进行宣传报道。同时，注重挖掘优秀典型，发挥典型带动作用，如来自长岭县的保安杨晓东，因勇斗持枪劫匪，被评为2005年全国十大杰出保安，并受到国家领导人的接见。

（4）实体服务类劳务品牌，即依托劳务派遣、劳务外包、劳务代理等人力资源服务机构及相关行业协会的标准化管理与精细化服务而衍生出的劳务品牌。如“鲁西人力”“汇思蓝领”等。其中“鲁西人力”品牌的成功，关键在于其企业标准化管理的运作模式：一是广开渠道，优化客户结构。依据市场发展分别在珠三角、长三角、环渤海地区设立了办事处，积极开发客户市场，广开就业渠道。始终秉持“执行劳动法律法规不到位的单位不输出、管理不规范的单位不输出、工资福利待遇不好的单位不输出”的“三不”原则，筛选出一批规模大、实力强的“世界五百强”企业，与其结为合作伙伴。二是挖掘资源，建立信息网络。一方面通过设立的办事处密切同输入地人社部门、用人单位联系，及时掌握、收集、传递用工意向、用工信息、用工要求；另一方面又加强人力资源储备网络建设，信息网络覆盖市、县、乡（镇）、村和各类学校，形成了左右互动、上下联动的机制。三是加强管理，提升服务水平。在每一家合作企业的员工生产生活第一线都设立派出服务机构，工作人员24小时驻守，从招聘、劳动合同签订、工资发放、社保缴纳到维权，提供全方位、一条龙的服务。为进一步提升服务水平，“鲁西人力”通过了ISO 9001质量管理体系认证，进行人性化、规范化管理。如配备班车，节省了员工上下班时间，增强了安全系数；帮助返乡员工订购往返车票，妥善安排留守员工；成立工会，组织员工开展丰富多彩的活动等。四是注重培训，提升综合素质和市场竞争力。2008年，根据国家产业政策调整，为适应市场需求，“鲁西人力”投资建立鲁西国际技能学校，将教育教学与生产实践、社会服务与技术推广紧密结合，突出技能教育，突出实验实训，做到培训与岗位“零距离”，提升了从业人员综合素质和市场竞争力。

（二）劳务品牌创建模式和主要特点

1. 劳务品牌创建的工作模式

（1）确定品牌定位。各地打造品牌时首要考虑结合本地资源禀赋优势，通过对传统文化、传承手艺、历史风俗的继承，或是结合其地域风貌、自然条件的优势，打造出“先天性”劳务品牌，如“扬州三把刀”“阿语翻译”等。其次，结合行业需求，抓住市场细分的机会，以产业转移以为导向选择劳务类型，然后通过后天的培育，从而形成“后天性”劳务品牌，如“石首建筑防水”“南通建筑铁军”等。

（2）形成制度保障。政府部门通过提供政策和资金支持、成立劳务品牌建设领导工作组、建立劳务合作机制等手段，为本地劳务品牌发展提供良好的制度保障。如山东省、四川省以及成都市、石首市等地方人民政府或出台相关文件，或成立劳务开发领导小组、劳务品牌创建工作领导小组，将劳务品牌工作提升至发展地方经济的战略层面。例如，吉林省为扶持劳务品牌发展，省财政每年投入资金予以支持。目前，453 个劳务品牌中，由政府主导打造的品牌有 353 个，比重占 78%。

（3）重视提升素质。许多地方确立了以市场需求为导向，以技能培训为重点，围绕劳务品牌不断强化技能培训的发展思路，针对从业人员开展多渠道、多层次、多形式的专业技能培训，以提升品牌价值，保持品牌竞争力。例如，山东省聊城市为打造“鲁西人力”品牌，专门投资1800多万元，建立了鲁西国际技能学校，将教育教学与生产实践、社会服务、技术推广紧密结合，实现了培训内容与岗位要求无缝连接，提升了从业人员综合素质和市场竞争力。

（4）强化服务管理。为确保劳务品牌能走得出去、站得住脚，许多地方都非常重视对品牌劳务人员输出后的服务和管理，确保输出质量。例如，山东省泰安市为做大做强“东平港务”品牌，在劳务人员集中输出的天津港、上海港设立办事处和就业服务中心，提供多渠道的跟踪服务。有的地方通过采取商标注册、行业自律等方式，进一步塑造劳务品牌形象，健全劳务品牌管理。例如，四川省通过商标注册，为“川妹子”家政品牌专门设计了统一的胸徽和制服，在2003年底的“川妹子保姆进京”活动中，首批经专业化培训的保姆身着漂亮的粉红色制服，佩戴统一的“川妹子”标志，在北京家政服务界引起轰动。2010年，中国就业促进会在宜昌举行全国劳务品牌建设研讨会，近百家劳务品牌管理部门、人力资源机构、企业共同发出了“推进劳务品牌建设，提高诚信服务水平”的倡议，号召全国从事劳务品牌工作的机构认真遵守国家法规政策，牢固树立以用户为本、诚实守信的理念，努力建设良好的劳务品牌文化，用好的品牌影响赢得市场和效益。此外，2009年，北京建筑业人力资源协会牵头，在建筑行业领域发起了“首批首都建筑业优秀品牌劳务企业和诚信劳务企业”评选活动，通过发挥行业自律作用，推动首都建筑业诚信体系建设。

（5）宣传推广典型。许多地方通过树立优秀典型、制作专题片、举办推介会、编印宣传册等形式，扩大宣传影响，进一步提升品牌知名度，增强用人单位和社会公众对劳务品牌的认知度。例如，山东省临沂市受过国家领导人接见的徐万年，在青岛港当装卸班长时，带领全班创出17分14秒安全优质装车的全国海区纪录，并创出“啤酒装船亿瓶不碎”的服务纪录，此外他发明的“并垛堆码”“钟摆式作业”等工作法，已成为码头工人安全高效的操作宝典。他也从一个普通农民工成长为中层干部，并被评为2010年度“全国劳动模范”。

（6）寻求创新发展。许多地方通过制定劳务品牌认定标准，开展劳务品牌评选活动等措施，建立起推动劳务品牌发展的长效机制。目前，全国已有10多个省开展了省域范围内的劳务品牌评选活动，如河南、湖北、山东、河北、黑龙江等省已开展过“十大劳务品牌”评选活动，四川、江苏等省也已开展过“五大劳务品牌”评选活动，等等。为进一步推动品牌创新发展，许多地方专门成立行业协会，发挥社会组织灵活机制，协调各部门共同推动劳务品牌发展。有的品牌则依托专业的人力资源机构、劳务企业，以精细化的服务、专业化的管理寻求长效发展。

2. 劳务品牌的主要特点

（1）紧跟市场需求。劳务品牌要想立得住脚，必须要有广泛的市场基础，要能顺应社会的发展。各地打造劳务品牌的最终目的是要带动本地劳动力的转移就业，因此劳务品牌的建设一定要与特定的产业发展、行业需求相结合。如河南的“林州建筑”以建筑产业为依托，湖南的“攸县的哥”则顺应了广州一带交通业发展的实际需求。

（2）独特的专业优势。劳务品牌之所以能够形成，关键在于其专业的技能含量。没有技术含量或技术含量很低，从业人员就只能是廉价打工者。通过各地劳务品牌的实践发现，劳务品牌的从业人员收入之所以高于非品牌的从业人员，原因在于前者具备了更加娴熟的技术，能带来高的劳动生产率，这就是劳务品牌中的附加专业技能含量。因此，各地在打造劳务品牌的过程中不约而同地把技能培训作为一项重要内容。例如，山东聊城的“鲁西人力”、江苏苏州的“汇思蓝领”的从业人员在同行业劳动力中，具有一定的技术优势。

（3）明显的规模效应。劳务品牌有明显的规模效应，只有具备一定的规模优势，才能产生一定程度的影响。劳务品牌形成的过程也是规模扩大的过程。劳务品牌的形成，不是一个人或几个人的作用，而是一定区域的群体，共同掌握一定的职业技能，从而产生出的规模效应。从目前各类型的劳务品牌来看，不论是哪个地方、哪种行业，都具有一定的规模，输出人数上万，甚至上百万。如湖北“石首建筑防水”“潜江裁缝”等。

（4）较强的地域特色。一般产品品牌，其主体是物，可以贴牌生产，地域特征不一定明显。劳务品牌作为一种特殊的品牌，其主体是人，而人是带有明显的地域特征的。劳务品牌的特性是本地品牌，异地服务，因此劳务品牌具有明显的地域特征，有的品牌更是充分挖掘地域优势和传统手艺，打造出了带有浓郁地域特色和传统技艺的劳务品牌。如吴忠的“阿语翻译”结合了当地民族文化的传统优势。依托地方特色打造的劳务品牌，具有十分鲜明的地域特色，难以复制和模仿，在市场竞争中处于优势地位，为转移农村富余劳动力创造了良好条件。

（5）初期政府引导与后期市场运作相结合。中国劳务品牌是在农村劳动力转移就业的背景下产生的，是政府部门推动经济发展和促进就业的一项重要举措。因此，劳务品牌在初期的形成过程中，离不开政府的正确扶持和引导。如在“新乡海员”劳务品牌的形成过程中，专门成立专职机构“新乡市海员服务局”，统筹规划品牌发展。而劳务品牌发展到后期，其劳务人员必然要进入劳务市场，接受市场价值规律的考验，因此，后期以行业、企业为载体推进劳务品牌的发展显得尤为关键。

（三）劳务品牌的价值分析（略）

（四）劳务品牌发展中存在的问题及原因分析

（1）载体单一，劳务品牌的市场主体作用还没有得到有效发挥。

（2）层次较低，劳动者的素质技能还有待进一步提升。

（3）管理不足，劳务品牌发展的长效机制有待进一步完善。

（4）认识局限，劳务品牌的发展理念和人文环境有待强化。

劳务品牌的价值不仅仅是其带动的数量、产生的效益，还包含其背后所蕴含的文化底蕴、职业技能、服务精神、协作能力和道德操守。只有通过政府部门的政策扶持、行业组织的规范自律、企业的专业运作和劳务人员的精心付出才能挖掘和传递出品牌的真正内涵。只有通过宣传推广、典型引路、交流展示等手段，进一步增强劳务品牌发展意识，才能真正提升劳务品牌影响力。只有通过大力倡导诚信服务理念、加强行业自律、进一步建立起维护农民工权益的机制体系，才能真正延续劳务品牌的生命力。

三、推进劳务品牌创新发展的重要意义

发展劳务品牌，将劳务品牌转化为人力资源结构的优势，转化为县域经济优势，实现劳务品牌与促进经济社会发展的良性互动，可以推动农村富余劳动力向非农产业和城镇转移就业，对经济社会发展产生积极影响。

1. 以品牌组织带动，提升转移就业水平

（1）以品牌组织输出，提升就业水平。

（2）以品牌提升素质，推动就业转型。

2. 以品牌服务带动，推动就业质量提高

（1）以品牌效应带动，提高劳动收入。

（2）以品牌服务带动，实现稳定就业。

3. 以品牌创新带动，助推经济转型发展

（1）助推优势产业发展。

（2）助推经济结构调整。

四、推进劳务品牌创新发展的指导思想和措施建议

（一）指导思想

推进劳务品牌创新发展必须坚持强化素质、提升质量、科学管理、诚信服务的方向，努力构建政府引导、市场运作、企业主体、社会参与的工作机制，引导和推动劳务品牌实现以异地输出为主向异地输出和就地转移兼顾转变，以注重数量规模为主向数量质量并重方向发展转变，以政府宏观引导向品牌注册实体发展方向转变，引导劳务品牌朝着实体化、战略化、素质化、规范化、精细化和品

质化的方向发展。

1. 把握好劳务品牌发展的核心要素

劳务品牌建设作为一项系统工程，涉及政府部门、劳务企业（机构）和从业人员等多个层面。其中，从业人员和劳务企业（机构）共同构成了劳务品牌的主体，劳务品牌作为劳务经济中的特殊商品，其所属实体是劳务企业或机构，换句话说，企业或机构是劳务品牌的有效载体，而政府则扮演着指导、支持、引领和规范劳务品牌发展的重要推手角色。实践发现，劳务品牌的创建与发展离不开“素质”“质量”“管理”“诚信”这几大核心要素。素质，是指劳务品牌从业人员的整体素质，包括通过培训提升的专业技能，还包括通过教育培训提升的通用技能和职业道德。质量，是指劳务品牌提供服务的质量，包括优质高效的服务过程和满足客户需求获得客户认可满意度的服务效果。管理，是指劳务品牌机构、企业以内部科学、规范、高效的管理模式和机制，保证人员素质的提高和服务质量的提升。诚信，是指劳务品牌的作用和可靠性。劳务品牌的信用需要用企业的诚信及其员工的诚信共同支撑。

2. 坚持推进劳务品牌发展的主体格局

从发挥作用的重要性来看，劳务品牌发展的主体主要包括劳务人员、劳务用工企业、政府服务性机构（按市场规律运作的人力资源市场）、各类社会中介服务组织（含人力资源服务中介机构、培训机构、行业组织等）。

（1）坚持政府引导与市场运作相结合。社会主义市场经济条件下，劳务品牌的发展应坚持发挥政府的宏观引导和市场的刺激调节作用，引导、推动劳务品牌在激烈的市场竞争中持续健康发展。要牢固树立劳务品牌意识，通过在市场准入、政策扶持、资金投入、组织领导、营造氛围、评价激励和打击违法违规行为等方面的政策倾斜，形成劳务品牌建设的机制保障。通过建立市场准入制度，推行资格年度审验，确保劳务机构的运营资格，防止鱼龙混杂的情况。通过建立资格认证制度，给使用此品牌的从业人员提供就业通行证，使之能够被市场所承认。通过建立自律体系，让每个使用品牌的人员都成为受益人，都能自觉维护品牌。同时，要遵循市场经济规律，坚持市场化运作方向，充分调动劳务人员、劳务用工企业、政府服务性机构和社会中介服务组织等市场主体的积极性、主动性、创造性，鼓励和引导他们创品牌、树形象、赢市场，以质量求生存、以品牌促发展，形成优胜劣汰的竞争机制。

（2）坚持劳动者主体与社会组织相结合。人是劳务品牌实现创新发展的关键要素，人的主观能动性决定了提供劳务的质量和水平。社会中介组织的灵活运作机制为人实现发展、寻求进步提供了可能。在劳务品牌发展中，应坚持劳动者主体与社会组织相结合，充分发挥两者的优势，调动两者的积极性，刺激品牌快速、主动地生长。既要尊重劳动者的主体地位，把激发劳动者积极性作为推动实现劳务品牌创新发展的重要基础，通过规范用工管理，提高工资待遇，完善社会保障政策，解除劳动者的后顾之忧，实现他们体面劳动、稳定就业的愿望，增强他们的归属感和荣誉感，培养他们积极创建品牌、自觉维护品牌的良好意识，又要在劳务品牌的创建、完善、发展中，充分调动社会组织、中介机构、企业的积极性，鼓励组织、机构和企业参与品牌建设，并以品牌促进其自身的发展。

3. 引导和推动劳务品牌创新发展

一是引导劳务品牌建设从劳动力跨地区输出为主向异地输出和就地转移兼顾转变。适应农村劳动力转移就业格局的变化，将劳务品牌主要服务于跨地区输出迅速转换到为异地输出和就地转移“双服务”。二是引导劳务品牌建设从注重数量规模向数量和质量并重的方向发展。强化针对性、有效性的培训，着力打造素质优良的劳动者队伍，在不断扩大劳务规模的同时，坚持提高劳务质量，以素质提升来创品牌、保品牌。三是引导劳务品牌建设从政府宏观引导向企业、中介机构、培训机构等实体注册品牌方向发展。为提升劳务品牌的市场竞争力，劳务品牌的发展要逐步脱离对政府的依赖，政府应鼓励劳务品牌进行工商登记注册，投入市场的大潮接受检验。四是推进劳务品牌建设要努力做到四个结合。四个结合是指要与当前经济、就业的发展战略相结合；要与当地人力资源的开发工作相结合；要与当前促进就业的政策措施相结合；要与跨地区劳务对接工作相结合。

（二）措施建议

1. 充分发挥市场配置资源的决定性作用，推动劳务品牌实体化发展

（1）积极引导劳务机构、劳务企业和行业协会等市场主体参与劳务品牌的创建，逐步实现地区虚拟劳务品牌向企业实体劳务品牌的转变。一是引导具有独立法人资格、具备相应经营基础的企业或机构创建劳务品牌，并鼓励他们到市场监督管理部门登记注册劳务品牌；二是通过劳务机构、企业建立专业化、市场化的运作管理模式，对外出务工人员进行系统化开发、技能化包装、市场化营销、产业化打造，把外出务工人员“锻造”成为品牌劳务人员；三是引导已经形成一定规模的劳务品牌，加强自我管理、自我规范和自我保护，保障外出务工人员的合法权益。

（2）促进劳务输出基地的实体化发展，推进驻外办事机构的转型升级。劳务输出基地的建设也要成立企业性质的实体，实行市场化运作，注重从人力资源调查登记、招用培训、输送服务等方面涵养储备人力资源，确保外出就业劳务人员质量。同时，通过收拢和集聚自由分散的本地劳务人员，实行公司制管理，采取员工制、集约化管理办法等，建立劳务企业实体，发挥整体优势，根据客户的需要实行劳务整体承包或者分包。

（3）鼓励支持劳务中介服务机构的发展，使其实现市场化运作。鼓励劳务中介服务机构的发展，通过行业规范和市场导向，促进各类民办人力资源服务机构的健康发展，推进劳务品牌建设朝着社会化和市场化的方向发展。

2. 继续发挥政府部门的规划指导作用，推进劳务品牌战略化发展

（1）明确政府职责，做好劳务品牌的统筹规划和发展指导。政府部门必须明确自身定位，按照市场规律合理配置劳动力资源，弥补市场机制的不足，着力解决市场经济本身解决不了的问题，扮演好劳务品牌建设的重要推手角色，指导、支持、引领和规范劳务品牌的发展。要根据产业结构调整和经济改革的方向，把劳务经济作为农村人力资源开发的重要内容和提高农民、减少农民、富裕农民的战略任务，将品牌战略纳入“十二五”农民就业创业总体规划，组织实施劳务品牌培育工程，以发展劳务品牌推动劳动力的异地转移就业和就近就地创业就业。要坚持以品牌提升质量，以品牌占领市场，针对本地区的农村劳动力资源整体状况、历史文化传统、地域特色等，结合本地经济发展的总体目标，合理规划、确定劳务品牌发展方向，制定适合本地经济发展和就业发展的劳务品牌战略。要积极挖掘和培育具有地方特色的劳务品牌，以县、乡（镇）为单位创建劳务品牌，形成“一镇一品、一县多品”的劳务品牌格局，不断拓展培育新领域。

（2）发挥“有形之手”作用，为劳务品牌发展保驾护航。通过发挥政府职能优势，加大资金投入力度，制定劳务品牌扶持措施，为劳务品牌发展提供政策支持；通过组织财政、劳动、社保、教育、工商、税务、妇联等各部门，形成共同推动劳务品牌建设的工作机制；通过采取认证奖励、培训补贴等措施，鼓励劳务品牌实体机构进行品牌认定和商标注册，做好品牌资源保护工作。

（3）完善劳动力市场建设，健全就业服务体系。做好劳务品牌的动态管理与服务，从雇佣前、雇佣中、雇佣后三个层次保证劳务人员的合法权益；建立起劳务人员的动态信息数据库资源，实时掌握劳务需求的最新动态，畅通劳务品牌输出的渠道。同时，要建立市场对品牌的管理制度，对劳务品牌输出前和输出后的全过程进行管理和评价反馈，使劳务品牌走得出去、站得住脚。

3. 强化职业培训，加快推进劳务品牌素质化提升

加强职业技能培训是劳务输出由追求数量的粗放型运作向数量与质量并举的产业化运作转化，由低收入向高收入转化的重要举措。应在以下方面予以加强：

在培训政策方面，各级政府相关部门要给予引导和扶持，通过实行财政补贴等办法，解决农村劳动力培训经费不足的问题，使农村劳动力能免费获得高质量的培训。

在培训目标方面，要坚持以就业为导向，本着“政府推动、学校主办、部门监管、农民受益”的原则，有目标、有针对性地开展培训。

在培训内容方面，要根据市场需求和劳动者的意愿开展技能就业培训、职业道德培训和法律法规培训，以提高劳动者的就业技能、良好的职业素质和依法维权意识。

在培训形式方面，要注意结合当地的传统优势、文化特点，采取政企合作、校校联合、校企合作等方式，利用农闲时间或晚上的时间，开展订单式、定向式培训，在培训中不断提升劳务输出层次。

在培训管理方面，要加强监督检查的力度，加强对培训学校、培训机构开展培训情况的跟踪检查、不定期督查，确保培训质量，从而确保劳动力素质的提升。

4. 加强科学、规范管理，保证劳务品牌规范化发展

（1）要加强劳务品牌的基础性研究，建立评估体系。独有的品牌标识既是一个品牌的标志，也是一种市场通行证，对于凝聚人心、鼓舞士气有重要作用，更重要的是有利于提高市场对该品牌的认知度、认同度和接受度。要加大对劳务品牌建设的调研力度，通过开展更加深入的研究，从历史传承、文化传统、地域特点、技能成熟度、内在精神等方面探索，摸清劳务品牌的发展规律；要制定一个统一科学的劳务品牌认定标准，规范品牌名称、确定品牌标识，通过组织开展劳务品牌评审推荐活动等，形成能进能出、开放灵活的劳务品牌认定机制，引导劳务品牌建设工作向着更加规范化、专业化的方向迈进。

（2）要发挥人力资源服务中介组织或行业协会的作用，建立自律体系。市场中介组织由同行业或与行业联系紧密的人员、单位组成。对内，中介组织或行业协会应充当管理员、裁判员、调解员的角色，通过行业服务标准等规范行业服务行为，开展行业自律，减少行业不正当竞争，维护市场正常秩序，提高行业整体竞争力。对外，中介组织或行业协会应充当行业组织成员利益的保护者，为会员提供法律援助，参与诉讼等维权活动。

（3）要强化劳务主体的诚信意识，建立诚信服务体系。没有诚信就没有长久的企业，没有诚信就没有百年的品牌。尽管我国也有大量品牌处于与国外品牌的激烈竞争中，但我国的品牌信用建设仍处于一个较低的发展阶段，诚信体系建设还需要不断提高。在劳务品牌建设中，诚信服务问题更是制约劳务品牌向更高层次发展的瓶颈。因此，逐渐建立起我国的品牌诚信体系是当务之急。需要通过制度建设、典型引路、认定评选等途径来提升劳务品牌单位和劳务人员的诚信意识和服务水平。要加大失信惩戒力度，对信用记录不好的企业和劳务人员，进行曝光，让失信者一处失信、处处制约，同时对诚实守信的劳务人员和劳务品牌企业进行奖励。

5. 在精细化服务上下功夫，进一步提升服务质量和水平

（1）要强化对劳务品牌主体的个性化管理。用工企业与劳务机构的即时互动式沟通，可提高劳务人员服务、工作水平和忠诚度，提升用工企业对劳务人员的满意度，同时也可以有效地维护劳务人员的合法权益，进一步稳定劳务人员队伍和就业岗位。要发挥劳务中介机构的作用，不断完善用工企业数据库管理，特别是要为那些规模大、用工管理规范、福利待遇较高的优势用工企业建立企业智能管理系统，及时分析企业用工需求特征，即时响应企业用工需求，并为其提供个性化的用工建议和用工服务。要建立劳务人员职业素质测评系统，及时向劳务人员提供企业用工信息，为其个人提供职业指导，积极促进人岗匹配；对已进入企业的劳务人员，要督促和帮助企业实行人性化管理，给予劳务人员应有的尊重和关怀，提高劳务人员对企业的信任度；对劳务人员的后顾之忧，如留守儿童就学、留守老人照顾、承包地耕种等问题，要予以必要的关心，提供解决方案，使劳务人员安心务工。

（2）要加强劳务市场的信息化建设，提供准确及时的信息。通过进一步健全完善各级人力资源市场供求信息网络，特别是要将信息网络延伸到乡（镇）、村，实现全国劳务需求信息联网，畅通上下左右的劳动力资源供求和信息共享渠道。鼓励和支持劳务品牌企业、行业建立专业化的门户网站，并与各级人力资源市场网站相链接，介绍和宣传服务内容、服务标准和服务价格，接受消费者咨询、订购和投诉，扩大信息发布范围，提高品牌知名度。要总结、推广发展家庭服务业的经验做法，建设“一点呼入、联动响应”的统一呼叫平台，有条件的地方，可以纳入当地便民服务热线，方便消费者选择和接受服务。

（3）要针对劳务市场的新变化和消费者的需求进行市场细分，通过项目运作方式加强劳务品牌管理。根据消费者的不同需求，开展技术承包、项目承包等专项劳务承包，针对岗位和工种特点，提前对劳务人员进行相应的技术培训、技能改造和素质提升，努力做到随到随用、保质保量，为消费者提供素质优秀、工资合理、服务诚信的劳务人员，并且赢得消费者的信赖，提高劳务品牌的美誉度，从而提升品牌的品质和形象。

6. 丰富内涵，塑造形象，促进劳务品牌的品质化发展

（1）要进一步丰富品牌内涵，赋予劳务品牌新的精神。产业的发展要靠品牌来支撑，只有拥有文化内涵和品牌精神的品牌才是最有竞争力的，才能在市场竞争中立于不败之地。注重保持品牌的基本文化内涵，即要反映出当地的地理文化特点、劳务人员的精神面貌、技艺（技能或技术）的历史传承，因此，在劳务品牌发展中对文化传统要扬弃式继承，取其精华、去其糟粕；注重品牌精神的发扬与发展，在劳务品牌的创新发展过程中需要通过对品牌从业人员的素质培训、实践熏陶，督促其严格自律，挖掘其技术熟练、勤奋敬业、诚实可信、团结协作、开拓创新、高效务实的职业操守和道德品质，不断丰富品牌内涵，使品牌成为劳务人员的一本内容丰富而又为市场所熟知的“说明书”。

（2）要加强交流合作，推动劳务品牌向更高层次发展。通过加强劳务协作，与沿海发达地区等劳动力需求较大的地区建立劳务协作关系，定期开展劳动力信息交流，构筑起四通八达、纵横交错的劳务协作网络，推动劳动力转移就业走上规模化、品牌化的道路。通过建立交流互通平台，打破劳务品牌区域界限和地方保护限制，加强区域间劳务品牌合作机制，共谋劳务品牌发展之路，打造出全国性、国际性的知名品牌，推动劳务品牌发展向更高层次迈进。

（3）要加强宣传推介，建设劳务品牌发展的良好环境。逐步改变以政府为主导的品牌宣传模式，发动劳务中介机构、劳务企业和行业组织力量，借助现代传媒方式和各种渠道，加大对劳务品牌的宣传、包装和推广；注重培育劳务龙头企业和劳务“能人”，树立劳务人员优秀典型，积极发挥其典型示范带动作用，形成推进劳务品牌发展的正能量。

关于劳务品牌发展现状分析及其在新形势下提升路径与加强宣传的研究报告（摘要）

20世纪90年代以来，劳务品牌建设历经30多年的实践和发展，已成为农村劳动力转移就业、振兴地方经济的重要力量，成为脱贫攻坚、提高农民收入的一大亮点。劳务品牌从无到有，辐射面从小到大，影响力不断增强，组织化、专业化程度逐步提高，业态和功能从单一到多元，已经成社会主义市场经济中劳务经济的重要组成部分，并在促就业、稳就业中发挥积极作用。

党的十九大提出更高质量、更充分就业的新目标。面对多种困难矛盾叠加的新形势，中央又进一步要求扎实做好“六稳”工作，全面落实“六保”任务，并将就业列为“六稳”“六保”之首。各地认真贯彻落实中央要求，采取积极措施广辟就业门路。同时，充分发挥劳务品牌在稳就业、促就业、助扶贫工作中的积极作用，通过推动劳务品牌发展带动实现转移就业、稳定就业的目标，进而为保障和增加劳务收入创造条件。

本研究在组织劳务品牌选树、开展调研和交流的基础上，组织政府、社团、企业等几方面人员依托互联互通等新技术开展问卷调查，并进行分析研究、专题研讨，探索劳务品牌的内在发展规律，

本文摘自2020年中国就业促进会《劳务品牌发展现状分析及其在新形势下提升路径与加强宣传的研究报告》。

挖掘其内生需求，进一步提出劳务品牌在新时期提升的路径和加强宣传推广的建议。

一、劳务品牌发展现状调查分析

劳务品牌是指某一区域、某一行业的劳动者根据市场需求，在管理主体（包括政府、行业组织或企业等）的引导、培育和管理下，凭借其优秀的素质技能、诚信的服务意识、优质的服务质量，形成具有特色、相对稳定、拥有较高知名度的劳务标识，在市场细分和竞争中经受考验。其重要标志是具备一定从业规模，占有一定市场份额，产生较高经济效益，对劳务经济和就业服务具有引领作用①。劳务品牌的称谓应突出特色和特性，一般情况下其构成为“地区+产业/行业/产品+劳动者”。

（一）劳务品牌发展历程的简要回顾

劳务品牌是我国市场经济发展的伴生产物，源自改革开放大潮中的农村劳动力转移就业。自 20 世纪 70 年代末农村联产承包开始，由于逐步放开农村劳动者进城从事务工、经商、劳务等政策，流动转移就业劳动力日益增多，通过师傅带徒弟、亲友示范帮衬等方式向其他地区输出劳务和传统工艺技能，出现了零星的、非组织化的、带有地域特征标识的“劳务人员+技能技术”，劳务品牌的萌芽产生。

20 世纪 90 年代后，伴随改革开放，工业化和城镇化的深入，农村富余劳动力转移就业规模不断扩大，农民工就业范围和就业数

① 摘自中国就业促进会《关于推进劳务品牌创新发展的研究报告》。

量逐步扩大，劳务输出组织化程度逐步提高，劳务经济获得较快发展，商品品牌的理念被引入，劳务输出和人力资源领域中，催生了劳务品牌，一批劳务品牌脱颖而出。

劳务品牌的发展，既有农村劳动力转移中顺势发展和组织化程度提高的因素，也有各级政府主动引导、积极培育，吸纳企业和社会力量参与的重要成因。但总的来说，这一时期的劳务品牌总体实力还比较薄弱，规模化程度也较低，品牌宣传和保护意识也显薄弱。

2007 年全国劳务品牌展示交流大会后，许多地区采取多种措施，大力推进劳务品牌建设，使其在促进就业和区域经济的发展方面成果显现，通过劳务品牌组织转移就业的人数不断增加，带来的劳务经济收入大幅增长。劳务品牌培训开始纳入各地职业培训和就业体系中，尤其是党的十九大以来，各地政府部门因地制宜，采取多种举措，通过积极打造和培育劳务品牌，在助推农村劳动力转移就业和扶贫就业方面发挥了重要作用，涌现出一批优秀劳务品牌。

目前，劳务品牌进入新的发展阶段。由于我国经济结构的调整和产业升级对劳动力素质的要求越来越高，人力资源市场在统一规范的同时更具灵活性和竞争性，劳务品牌实体面对日趋激烈的市场竞争和劳动力供求在素质上的差距等新的挑战，开始走上转型、升级之路，或从劳务输出升级到技术输出，或转型为商品制造、工程承包，或从以吸收新增农村劳动力为主，转到以服务城镇新生和再就业劳动力为主。一些纯劳务品牌转型为集服务、商品、行业品牌于一身的综合性品牌。

（二）从问卷调查看发展现状

为更加全面深入地了解劳务品牌在当前发展中的实际情况，本研究在2020年下半年以国家级劳务品牌为对象，组织了问卷调查，共收到有效问卷162份①。所调查的劳务品牌样本统称劳务品牌实体，包括单个企业、同类企业集群、多个个体，或企业加个体、集群等。调查结果显示：

1. 成效、作用及贡献

（1）促进转移就业富有成效。劳务品牌实体年转移就业人数有六成多高于5000人（其中三成多在1万人以上），另有近四成低于5000人。

（2）对带动当地就业发挥作用。劳务品牌实体带动就业人员占当地就业人数比例显示：有近四成带动当地就业30%以上（其中一成多高于50%），另有六成在30%以下。

（3）对当地经济发展有相当贡献。劳务品牌实体对当地经济贡献率有三成多在30%以上（其中两成多在50%以上），另有近六成在30%以下。

2. 疫情影响及低端劳动力市场需求下降

（1）疫情对劳务品牌实体的冲击较为严重。近八成劳务品牌表示新冠肺炎疫情对其影响严重或较严重，另有两成多表示影响不大。究其原因，从产业结构上看，第一产业和第二产业增加值基本恢复到疫情前的水平，第三产业增速与疫情前相比仍有很大距离。

---

① 本次调查涉及劳务品牌项目316个，问卷实际回收316份。基于其中存在项目重复、题目重填现象，样本数值选取，以问卷中每一问题实际有效作答数为统计依据，以保障样本数据的精准可靠。下文中不再逐一说明。

鉴于农民工就业的行业分布和劳务品牌的行业分布相对集中在第三产业，所以劳务品牌实体承受了比其他部门或系统更严重的短期冲击。

（2）低端劳动力的市场需求下降，压缩了劳务品牌的传统市场空间。调查发现，随着现代信息技术的快速发展，机器取代人力特别是低端劳动力的情况越发普遍，这一趋势由于新冠肺炎疫情而加速。由于隔离措施和停工停产，不少企业经历了人工成本持续上涨及新冠肺炎疫情带来的员工短缺后，机器替代人力成为更多企业经营者的选择，原来以劳动密集型为主要特征的劳务品牌发展受到极大挑战。

3. 需求现状及待提升的空间

（1）劳务品牌实体在高素质劳动力输出能力方面尚不能满足新经济格局和产业升级需求。劳务品牌实体中受过职业教育或经过技能培训的人员占其从业人数比例为：四成在50%以上；另有近六成则在50%以下（其中三成在30%以下）。其原因是，新经济格局的重点是补短板、提质增效，对劳动力素质、技能水平有较高要求。目前，劳务品牌从业人员的文化素质和职业技能整体处于中低水平。虽然这些年来各地政府加大了培训力度，但总体来看，培训质量仍待提高，中高级技能人才尤为缺乏，制约着劳务品牌的发展。同时还要看到，大多已经成型并具备一定规模的劳务品牌还停留在技能要求低的体力型劳务品牌层面，如建筑、厨师、保姆、司机、保安等相关劳务品牌，而中高端制造业、现代服务业所需的技工、技师等技术技能型劳务品牌数量较少。

（2）劳务品牌实体的经营管理水平急需与日趋规范和竞争加剧的市场相适应。35%的劳务品牌未在市场监督管理部门注册。有的缺乏长远系统的规划，品牌定位不够准确。劳务品牌经营主体还普遍存在缺乏统一规范的服务标准。劳务品牌诚信体系建设有待加强，劳务品牌实体自身规范不够，对从业人员权益的保障不足。

劳务品牌实体中，有近五成平均劳动合同签订率在50%以上，另有近四成平均劳动合同签订率低于50%。

劳务品牌实体从业人员平均社保参保率：有三成多在30%以下，另有三成多在70%以上，其他两成多在30%~70%。

4. 品牌建设与发展中亟待解决的问题

（1）大部分劳务品牌载体单一、规模偏小，尚未形成汇聚多方资源、良性互动的劳务品牌生态圈。大部分劳务品牌存在载体过于单一，难以形成实体集聚的优势，品牌效应未充分发挥。在品牌规模方面，有四成多劳务品牌实体表示具备或较具备优势，另有近六成表示不具备优势；在市场状况方面，有近五成表示具备或较具备优势，另五成多表示不具备优势；在品牌特点方面，有近五成表示具备或较具备优势，另五成表示不具备优势。究其原因，一些地区劳务品牌建设还存在较大随意性；劳务品牌发展过程中相关职能部门之间与行业之间的协调难度较大，造成一些管理和监控上的真空与断层；劳动力市场服务体系缺乏对农村劳动力转移的有效组织与指导；品牌发展的体制机制不够健全，特别是在规范从业人员管理、品牌文化建设、应对不良事件等方面还有待进一步完善。

（2）劳务品牌实体发展急需得到多方面的支持和帮助。调查的162个样本中，有131个选择需要多项支持，其中需要培训支持的占78%，需要信息支持的占73%，需要技术支持的占67%。

（3）劳务品牌宣传力度和传播方式急需加强和扩展。调查发现，劳务品牌采用的主要传播推广措施从多到少，依次为：通过线下活动进行推广（36%），利用自媒体进行宣传（36%），通过新闻媒体进行宣传（31%），口碑、典型引路（24%），寻求合作、对口输出（23%），建设基地、产业园区（21%），印发宣传品、著书、作曲（19%），组织开展培训（16%），传统技能创新、专利技术（13%），线上服务系统/平台/终端（11%），设置服务站、联络点、门店等（8%），成立或加入行业协会（4%）。这表明劳务品牌需要一个有利的经营环境和发展环境，宣传和推广优秀品牌及其承载的服务，扩大市场影响力和辐射面。

二、劳务品牌发展环境的新变化及新机遇

（一）劳务品牌发展环境的新变化

当前农村劳动力转移就业和劳务经济发展的宏观环境正在发生重大变化，主要体现在以下 3 个方面：

1. 就业优先政策不断强化，劳动力市场化机制体制更加完善，提出了新要求

近两年，中央关于“六稳”“六保”的部署，把“稳就业”“保就业”均放在首要位置。党的十九届五中全会提出的“十四五”时期经济社会发展主要目标，要求“强化就业优先政策”“实现更加充分更高质量就业”，同时提出了全面实施“乡村振兴战略”“走中国特色社会主义乡村振兴道路”。

一方面，与此总目标、总要求相对照，现阶段我国不同的地区、不同的行业、不同的群体，就业的比例和就业的质量，仍然存在不够平衡、不够充分的现象。在继续创造各种就业机会，提高劳动者的就业能力，提升劳动者能力与岗位需求的匹配等方面，还需

要做出更多努力。劳务品牌进一步发展和提升的方向，就是要围绕解决好就业不平衡不充分方面存在的问题，以进一步提升农村劳动力转移就业质量和劳动收入为根本目标。

另一方面，劳动力市场化配置机制体制进一步规范完善，对深化包括劳动力在内的要素市场配置改革，促进劳动力自主有序流动，实现劳动力配置高效公平提出新的要求。创建和发展劳务品牌的初心是实现更大规模的农村劳动力转移和更高质量的就业，要充分实现劳务品牌的价值，必须充分发挥市场配置资源的决定性作用。劳务品牌的各类实体，是劳动力市场的深度参与者，是劳动力市场的建设者，更是完善和健全的劳动力市场的受益者。人力资源服务机构、相关企业、劳务输出机构、行业协会应自觉、充分运用劳动力市场机制体制，并成为促进劳动力市场健康发展的建设性力量。

2. 以国内大循环为主体、国内国际双循环发展新格局的确立，带来了新挑战

党的十九届五中全会提出要准确把握新发展阶段，深入贯彻新发展理念，加快构建新发展格局，推动“十四五”时期高质量发展，确保全面建设社会主义现代化国家开好局、起好步。以国内大循环为主体，就是要把满足国内需求作为发展的出发点和落脚点，加快构建完整的内需体系，健全和完善我国制造业产业链和供应链。

经济发展格局的变化，是一次国民经济发展战略和格局的重要转型和重大调整，其中包括需求结构、供给结构、区域布局、产业结构、供应链、价值链的一系列调整。由于非农就业人员65%由农民工群体组成，产业结构、区域经济结构的重要调整必然会带来农民工在产业间和区域间的大规模流动和重配。同时，产业升级也有赖于农民工群体素质和技能的提升。对于劳动力个体来说，既面临着更多的就业机会，也面临着失业风险。劳务品牌作为农村劳动力转移组织化程度更高的形态，也需要引领探索新发展方向、拓展新发展空间。

2020 年以来，新冠肺炎疫情的暴发给我国和全球产业链、供应链、价值链造成了巨大冲击，疫情为包括劳务品牌在内的社会经济各子系统的抗风险能力提供了一次真实的压力测试窗口。疫情既给劳务品牌主体带来经营压力，也成为推动劳务品牌在运用新技术、采纳新商业模式、转型升级等方面创新发展的动力。

3. 新技术革命全面爆发，新经济、新业态、新就业大量涌现，呈现出新趋势

20 世纪 90 年代以来，信息科技突飞猛进，大数据、云计算、人工智能技术融合发展，新的信息平台不断改变人们的信息获取和交流方式，智能制造、工业互联网、物联网、5G 等新技术正加速向传统产业渗透，数字经济和数字化社会正在成型。新技术革命催生的以数字经济为基础的新业态呈现良好发展趋势，环境好、业态活、模式新，对激活消费带动就业潜力巨大。政府鼓励积极探索线上服务新模式，加快培育发展共享经济新业态。新就业形态是伴随着网络信息技术的迅猛发展、迭代更新和相互融合，以及新产业、新业态、新模式的蓬勃发展而出现的各种新的就业方式。劳务品牌的创新发展应更好顺应新技术革命引领的新经济新就业浪潮，在新技术、新技能运用和新业态、新形式上迈出新的步伐。

（二）劳务品牌发展面临的新机遇

通过对劳务品牌政策环境、市场环境、技术环境变化的研究可以发现，劳务品牌发展面临如下新机遇和有利条件：

1. 劳务品牌从低端劳动力市场向中高端劳动力市场渗透空间巨大

目前，我国劳务品牌主体主要分布在中低端劳动力市场，伴随经济转型和产业升级，对中高端劳动力的需求正在快速增长，这为有一定实力和超前思维的劳务品牌实体快速扩张提供了巨大的市场空间，也为劳务品牌整体转型升级明确了方向。

2. 劳动力回流给劳务品牌实体提供了就地、就近开发就业的新领域

当前，劳动力回流农村现象正在形成一种新的趋势。究其原因，一是推动新农村建设、发展现代农业，鼓励返乡创业等政策对外出务工人员的吸引。二是资本和技术向农业以及与农村相关产业注入对外出务工人员的吸引。三是疫情的影响造成部分外出务工人员回乡发展。这种趋势是劳务品牌新发展阶段的一个重要机遇，将劳务品牌发展与劳动力回流相结合，还可助力城乡经济融合发展。

3. 新技术为劳务品牌的运营、管理和宣传提供创新工具（劳务品牌+互联网）

一是传统劳务品牌利用信息化建设可扩大和提升培训效果。借助信息化手段对产业发展的趋势和方向做出判断，从而提升劳务品牌的培训和对接工作。借助新技术，农民工可随时随地接受培训，工作岗位上遇到问题可远程向专家请教，培训过程可全程追踪。二是用现代化技术、制度化设计、实名制管理，充分保障用工单位和农民工双方权益。三是互联网化生产与销售方式也让传统手工艺焕发了新生机，工匠型劳务品牌利用互联网优势，将劳务品牌线下模式与互联网有机结合，实现线上培训、产品销售、客户服务等一条龙服务。四是借助新技术推广品牌扩大宣传，实现品牌效应最大化。互联网、移动通信、数字媒体的发展，使劳务品牌的传播途径越来越广泛，形式越来越多样。

4. 新就业形态为丰富劳务品牌业态提供了多种途径（互联网+劳务品牌）

一是新技术催生新经济、新业态和新的就业方式，给劳动力转移和劳务品牌发展带来新增量、新模式、新业态，提供了新领域。二是"互联网+劳务品牌"模式渐成趋势，通过为企业和求职者搭建就业平台，进行线上线下相结合招聘，实现了人岗高效匹配。三是通过构建信息平台，实现人力资源有序流动，缩短待岗人员待岗时间。四是依托互联网技术平台，树立行业标准化体系，实现品牌质量的提升。

5. 劳务品牌发展面临更宽松有利的制度环境和政策环境

就业优先政策的实施意味着在未来的政策制定、工作推进过程中，会加深带动就业的考虑，并将其作为重要的衡量指标。劳务品牌实体在多项政策的具体落实中将得到积极支持。例如，放开对农民工城市落户的限制，健全统一规范的人力资源市场体系，营造公平的就业环境，提高劳动报酬在初次分配中的比重，支持各类所有制企业参与要素交易平台建设，加强信用体系建设，强化竞争政策基础地位等，都为劳务品牌发展提供更为良好、更加宽松的环境。

三、劳务品牌创新发展的路径和措施建议

（一）在劳务品牌发展的三大核心要素上继续务实进取

之前的研究报告曾提出"劳务品牌的发展应紧紧围绕人员素

质培训提升、服务质量优化、诚信经营可靠、管理规范高效四个要素做文章。”考虑到管理对其他三要素具有统领作用，并寓于三要素之中，本研究更为强调其他三个要素方面的提升。

1. 加强职业技能培训，大幅度提升劳务队伍质量

劳务品牌的标志之一就是具有较高素质和技能的人员，以此成为推动劳务经济发展的引领者。新形势下，不仅需要高素质和有技能，同时需要紧跟新理念、新技术的发展，不断更新技术技能。由此可见，加强职业技能培训是劳务品牌发展由追求数量的粗放型向质量型的产业化转化、由低收入向高收入转化的重要措施。调查显示，劳务品牌运营中有超过一半的企业职工缺少职业教育或技能培训，突出地反映出在这一领域职业培训的必要性。

我国从 2019 年启动的大规模职业技能提升行动计划正在全国开展，针对社会经济新形势，特别是应对新冠肺炎疫情带来的失业风险，进一步明确和细化了行动计划的对象和政策补贴范围等政策，在实施企业稳岗扩岗的基础上增加了“以工代训”等多种职业技能培训形式。在培训内容上，各地均制定并公开“职业技能培训目录”，不仅有生活服务型的职业技能培训，也有生产服务型的职业技能培训，还有新职业新技能的培训，较好地改变了过往的培训大多以农村劳动力转移适应性培训和生活服务业的职业技能培训为主的格局，尤其是结合劳务品牌实施的专业职业能力规范培训，进一步推动了劳务品牌技能培训的新局面。

“鲁西人力”在劳务品牌培训中多项创新举措值得借鉴推广：一是坚持输出前培训。对外出务工人员进行法律常识、社会公德、礼仪、择业观念、竞争意识、社会生存能力和安全知识教育等培训，并把就业综合素质的提升作为输出人员的必修课，以提升劳动者的竞争能力。二是坚持开展与市场需求相适应的技能培训。依托新时代职业技能学校，构建多功能、高质量、现代化、专业设置科学合理的职业技能培训体系，通过“校内生产实训、校外顶岗实习、企业订单培养”的培养方式，实现培训和输出有效对接。同时，定期开展培训下乡活动，为农村劳动者“零距离”掌握一技之长创造条件。三是坚持培训模式创新。通过与国内、国际知名航运企业及海事院校合作，开展海员定向培训，为学员开辟了一条高薪就业的快捷通道。四是通过与中国工程建设焊接研究院合作，开展国际焊接认证培训，得到了用工企业的充分肯定。

“鲁西人力”等劳务品牌在职业培训方面的成功经验进一步说明，劳务品牌实体需结合所处的产业特点和生态发展需求，积极参与到“以工代训”的职业技能培训中来，迅速提升从业人员的技能水平和职业能力，对更好地履行劳务品牌的服务承诺发挥重要支撑作用。

2. 推进劳务品牌服务标准化，进一步提升服务质量

劳务品牌在其发展过程中，从组织形态看，呈现多元主体的特征，同时也出现了一种劳务品牌多重服务标准的问题，导致品牌吸引力下降，消费者粘性降低。服务质量是劳务品牌的核心价值和生命力，而标准化服务则是保持和提升服务质量的关键，保证消费者在众多同种劳务品牌实体中享受到更优质的服务，需要大力推进服务标准和管理标准的建设。在这两方面，多年来各地有很多实践，也取得了一些进展，例如：“沙县小吃”“缙云烧饼”“云和师傅”“吕梁山护工”“广昌物流”“紫阳修脚”“天镇保姆”，等等。但从整体看，服务标准和管理标准的建设和规范还处在初始阶段。2020 年，广西出台的家政服务劳务品牌标准在国家团体标准信息平台登记，并经中国标准化研究院审核准予发布，是一个可资借鉴的例证。

服务标准化起源于世界贸易组织（WTO，World Trade Organization）提出的服务质量是服务贸易的基础原则。我国政府近年来加快了服务标准化的推进速度，从流程、服务、语言、动作、态度五个维度着手制定各类服务标准。为此，建议相关部门在总结一些劳务品牌先行先试经验的基础上，进一步开展专项研究，为建立全国劳务品牌服务标准化体系做好技术储备和案例收集工作。

3. 建立健全信用制度，形成诚信经营服务的良好机制

诚信是社会主义核心价值观的重要内容，习近平总书记在2016年参加全国政协十二届四次会议民建、工商联界委员联组会时指出，“各类企业都要把诚信守法作为安身立命之本”，早在劳务品牌建设伊始，诚信就作为品牌发展的三大要素之一被提出，并一直被倡导。各地在劳务品牌建设发展的实践中总结了很多为品牌增信的经验做法。例如：建立诚信档案，表彰诚信劳务品牌运营主体，开展诚信宣传月活动，树立劳务品牌诚信个人榜样，建立失信运营主体处罚制度等，这些措施有效激励了运营主体信用体系的建立，有力促进了劳务品牌的诚信建设工作。

为在新形势下更好地营造诚实守信的环境和氛围，将诚信和信用的理念融入劳务品牌活动的每个环节，建议打造“诚信+”机制：一是“诚信+职业技能培训”。在开展职业技能培训时加入诚信的相关课程，凡劳务品牌运营主体的学员均需先学习“诚实守信、守法经营”的相关课程。二是“诚信+服务标准”。将诚信融入服务标准中，在服务标准中把诚信作为一项重要内容。三是“诚信+绩效”。将诚信的行为记录作为年终绩效考核内容。将诚信经营的服务理念植入到每个员工的日常工作中，践行诚信服务制度，争创诚信服务品牌。四是建立劳务品牌“失信主体和个人名单”制度，对于失信者可在政府官网上公布警示。

（二）引领劳务品牌多维度综合生态圈发展

1. 建立多维度劳务品牌生态圈的理念

劳务品牌生态圈是指劳务品牌和其生存环境形成的相互作用、相互影响的系统。一个完整的劳务品牌生态圈包括劳务品牌实体群，劳务品牌所有者（企业或机构），劳务品牌的直接利益相关者（劳务人员、用工企业/机构/个人、供应商、分销商等），劳务品牌的间接利益相关者（竞争性品牌、媒体、社会公众、地方政府等），以及相关资源和环境。资源是指物质资源、能量资源和信息资源，环境是指政治、社会、人文、地理环境等。劳务品牌能否健康发展，既取决于自身的条件和努力程度，也取决于它所处的生态圈以及它和生态圈各要素之间的互动关系。

从生态圈的视角考虑劳务品牌的发展，首先，提高劳务品牌的集聚效应。以往，达到一定规模、具有一定影响力、持续一定时间的少数知名劳务品牌是主要的关注对象，今后，还要关注市场上大量存在的初创品牌、非成熟品牌等。它们不仅是未来知名劳务品牌的后备军，也是支撑起当下劳务品牌自组织、自适应、自进化的基本力量。

其次，要提升劳务品牌生态圈内组织的开放性和包容性。一方面，大量个体劳务品牌向不同行业、不同业态、不同地域扩张、转型、跨界发展，必然会导致品牌的多样性和多重性。例如，有的劳务品牌转型为服务品牌，有的甚至演变为商品品牌。另一方面，一些其他组织跨界进入劳务输出领域，如城市生活服务互联网平台、建筑企业、工程公司等，它们已经成为劳务品牌生态圈的一部分。从生态圈的视角看，在坚持专业化的同时提倡开放性、提升包容性是促进劳务品牌生态圈健康发展和进化升级的推动力。

最后，劳务品牌生态圈应与区域经济、产业创业融合发展，避免把路子越走越窄。劳务是立足于产业创业、服务于区域经济的，劳务品牌的价值也体现在其服务对象的经济价值上。应树立劳务品牌生态圈的观念，从生态圈发展的视角研究劳务品牌的发展。

2. 总结综合生态圈发展做法经验，以典型引领品牌生态圈发展壮大

“资溪面包师”是区域性劳务品牌和行业性劳务品牌按生态圈理念融合发展的一个典型案例。“资溪面包师”创建于 1987 年，目前已发展为具有从业人员 4 万人，占全县总人口的 31%，年产值 200 亿元，遍布全国和多个国家的劳务品牌。资溪县从构建培育培训基地、提升技术水平、扩大影响力、加快市场推广、建立金融支持体系五方面着手升级面包产业。面包产业发展平台构建了八个中心，即产品交易中心、产品研发中心、教育培训中心、创业孵化中心、信用认证中心、感受体验中心、商务会展中心、原料生产中心。2017 年设立“中国（资溪）面包创业电子商务基地”，发挥“互联网+”功能，利用产品和技术优势，吸引更多企业入驻平台，着力构建大数据中心，带动资溪面包产业转型升级。2019 年，资溪县人民政府还发布了《关于进一步加快面包产业发展的实施意见》，从政策层面提供了更强力度的扶持，将“中国面包之乡”打造成“中国面包之都”，推动产业转型升级，实现第一、第二、第三产业的有机融合，促进县域经济快速发展。

贵州省正安县依托“吉他工匠品牌”建立起全球最大的吉他制造基地，又按生态圈理念推动吉他工业、吉他文化、吉他旅游“三位一体”融合发展。一是吉他工业。2020 年正安县吉他生产及配套企业达 89 家，产品销往全球 30 多个国家和地区，辐射带动 1.4 万人就业，帮助 6690 人稳定脱贫。为帮助 5 万名正安吉他工匠扎下根，正安县政府提供“保姆式”服务，投资打造“正安国际吉他园”，建成 60 万平方米标准厂房，出台“三年免税收、十年免房租”等优惠政策。县财政每年统筹安排 1000 万元作为吉他产业专项发展资金，对符合条件的吉他企业、运营团队、行业协会给予项目补助、贷款贴息、工匠培训补助等。二是吉他文化。举办包括吉他音乐年会、吉他音乐节、吉他文化艺术节、吉他文化推广公益演唱会，组织吉他街头演奏等活动，通过网络直播、电视直播等形式把吉他音乐传递到千家万户。三是吉他旅游。正安县已建成全球最大的吉他文化主题广场、吉他主题雕塑、吉他文化创意产业园、吉他文化风情街等，正在加快建设吉他主题酒店、吉他地理地标、吉他文化博物馆等旅游文化设施。这使劳务品牌扩展为工业品牌、文化品牌、旅游品牌，带动了地方经济和就业的大发展。

（三）政府部门和社会组织加强指导支持和服务

1. 多部门整合政策资源促进劳务品牌健康发展

劳务品牌的发展涉及经济社会的方方面面，构建多维度劳务品牌生态圈更是关联到多个政府部门和多种支持政策，支持政策包括产业扶持政策、企业优惠政策、职业培训补贴政策、灵活就业人员社保政策、创新创业政策、地方相关政策等。因此，一方面，需要有关部门从新形势下促进产业人才培养的角度，针对劳务品牌的特点，研究制定相应专项组合政策。另一方面，需要各地劳务品牌实体高度关注与劳务品牌发展相关的各类政策，积极响应，有效应用。

一是充分发挥地方政府的引导和组织作用，持续赋能区域劳务品牌生态圈。区域劳务品牌生态圈是由区域经济格局、劳动力资源禀赋、劳动力市场发育程度所决定的。以往不少地方政府在培育优秀劳务品牌方面做了大量工作，也积累了宝贵经验，但今后更应在劳务品牌生态圈建设方面加大重视程度和工作力度。当市场经济拓展到一定的广度和深度时，不能仅靠单一或少数劳务品牌，局限在“一乡一品”“一县一品”式的活动上，还要挖掘其他技术技能劳务人员的就业潜力和培育其他潜在劳务品牌企业，既要培育树木，也要培育森林，使优秀的劳务品牌增强、扩展、提升能力，并产生更大带动效应。建议地方政府或主管部门将劳务品牌管理制度创新作为提升地方劳务品牌创新发展的核心，着力发现培育优秀劳务品牌企业和企业家，帮助区域内核心品牌企业树立良好的产业生态圈观念，向生态化、平台化方向发展，并以此建立起与中小企业互利共生的产业生态圈体系。劳务品牌生态圈内各类大中小企业或机构实现融通发展，一方面大企业要加强产业分工与协作，围绕主导品牌和核心业务聚焦产业链中的关键环节做优、做强。另一方面，大企业向中小企业开放资源，共享管理，以资源和数据赋能中小企业，与中小企业一同建立起创新协同、信息共享、供应链互通的新兴产业生态。

二是联合各行业主管部门、协会，研究提出促进行业劳务品牌生态圈发展的措施。从劳务品牌从业人员的职业发展路径看，随着工作经验的积累、技术技能水平的提高，也会逐渐走入专业化的职业通道。这对促进劳务品牌从业人员的职业发展，提高劳务品牌从业人员的收入水平，保护劳务品牌从业人员的合法权益，增强专业技能人员在劳动力市场上的议价能力意义重大。建议主管部门联合各行业管理部门、行业协会、行业龙头企业，研究提出促进产业/行业劳务品牌生态健康发展的措施，加大“to B 型”（面向企业和机构的）劳务品牌的发展，特别是在制造业、生产型服务业领域，加快培育有实力、专业化的大型劳务品牌机构。

2. 分类制定劳务品牌专项标准，鼓励社会组织参与支持劳务品牌标准化建设

在劳务品牌的发展过程中，杰出的技能人才呈现出的精湛的技术、优质的服务，在市场经济中显示出生命力和光彩，例如：“正安吉他工匠”的先进技艺，“四川彩灯”的微焊接技术技能，“云和师傅”的蘑菇种植绝技，“陇原巧手”的指上绝活等。要充分发现和挖掘劳务品牌中领先全国乃至世界的技术技能和“独门绝活”，引导和指导专项技术、专项服务和专项技能等标准的开发和制定。地方政府，包括人社、市场监管、技术监督等部门在政策引导、技术认证和资金支持上要给予大力帮助。同时，建议社会组织，包括行业协会、商会及相关的各类社会组织也参与进来，从开展专项标准课题研究到承担专项标准开发，为劳务品牌的建设和提升做出贡献。

3. 搭建开放的劳务品牌信息化平台，通过信息技术手段确立服务和质量的诚信机制

伴随着信息社会的到来，劳务品牌也迫切需要用信息化技术解决发展中的问题。在本次调查中，73%的企业需要信息化的支持，说明当前信息化建设在劳务品牌发展过程中的需求较为迫切。同时，在诚信建设方面，借鉴电子商务的诚信机制建设特点，信息化平台也是当前劳务品牌诚信建设的有力抓手。建议在劳务品牌诚信建设上进一步通过信息化平台的搭建，充分利用技术手段，通过服务对象和客户满意度评价的公开机制，建立起劳务品牌信誉度指数。在提高素质和完善服务上创新思维，从而实现“提升素质、提高质量、增加诚信”三大核心要素的整体提升。通过定期举办劳务品牌交流等活动，更好培育壮大劳务品牌生态圈。

四、提高劳务品牌传播效果，打造多媒体矩阵

习近平总书记曾在全国宣传思想工作会议上引用“明者因时而变，知者随事而制”这句古语，强调创新在宣传和传播中的重要性。劳务品牌在新时期提升宣传效果的重点应明确：要在守正、贵在创新、重在实践。

根据调查问卷的反馈，劳务品牌在宣传推广中存在三方面问题，一是对劳务品牌认识还不到位，品牌宣传和推广意识不强。二是对劳务品牌在促进和稳定就业方面的作用宣传不到位。三是在宣传推广中新媒体技术和平台运用不充分。针对以上问题，从构建新形势下劳务品牌发展的新理念和大环境出发，对强化劳务品牌宣传主题和内容创新，打造全媒体矩阵，提升传播能力提出建议。

（一）研究制定宣传方略，强化主题丰富与内容创新

结合国家大政方针，依托舆论宣传主阵地，针对劳务品牌特点，制定行之有效的宣传方略，突出主题式宣传，丰富内容，创新形式。在宣传方略上，应牢牢抓住劳务品牌“稳就业、保就业”这一主线。在宣传主题设计上，应以具体劳务品牌为宣传主要对

象，以“提升素质、优化服务、诚实守信”为重点，延伸扩展至“稳就业、保就业”系列主题，职业技能培训和竞赛系列主题，服务质量优化系列主题，企业诚信自律系列主题等，并针对不同的受众群体，选择不同的切入点，组合内容，实现对劳务品牌传播和推广的整体加强，提升品牌推广的力度和社会关注度。

（1）以“稳就业、保就业”为宣传主题。大力宣传劳务品牌作为农村劳动力转移就业重要形式、就业扶贫重要渠道、提升劳务组织化重要抓手的作用，及其在“稳就业、保就业”中做出的贡献。认真总结品牌自身在发展建设、创新提升和促进就业等方面的规律特点和经验做法，形成可复制、可推广的指导手册。积极宣传地方培育、扶持、壮大劳务品牌的创新政策举措并加以推介。开展选树典型劳务品牌活动，宣传推广龙头企业和带头人物在创立发展品牌中的经历和在创业奋斗中的感受，并选用典型案例制作宣传片，通过老百姓喜闻乐见的形式，如短视频等做更广泛的传播，以典型引路带动品牌提升，促进创业就业。

（2）以职业技能培训和竞赛为宣传主题。结合职业能力提升行动计划的整体宣传活动，抓住培训重点对象、培训内容、培训形式以及技能竞赛等方面进行宣传报道。在内容上，准确细致地宣介国家和地方职业技能培训政策，特别是在企业中开展职工技能提升和加强培训的计划与措施。结合技能大师能工巧匠的事迹，大力宣传弘扬工匠精神，营造企业员工“比学赶帮超”的舆论氛围。在形式上，关注互联网与职业技能培训融合的新型培训形式，特别是对各地劳务品牌在传统职业技能培训的基础上运用网络，如远程实时教学、微课、慕课等培训新形式，使务工人员足不出户就可以接受专业的培训和指导的创新做法加以宣传推广。在专项技能竞赛上，通过举办劳务品牌职业技能竞赛，实现“以学促赛、以赛促学、以赛代训”的人才培养模式，对大赛中突出的从业人员风采、劳务技能绝活进行重点宣传推广。

（3）以劳务品牌服务质量优化为宣传主题。服务质量是劳务品牌形象的展示，也是衡量劳务品牌重要标准之一，通过对劳务品牌服务人员、服务品质、服务态度、服务环境的重点宣传，实现整体提升劳务品牌的企业服务形象。如对福建沙县小吃提升品牌服务质量和规范行业秩序的宣传，沙县县委、县政府重视品牌建设，通过“沙县小吃同业公会”对从业人员进行整体管理，专门负责对从事沙县小吃业的人员培训、技术咨询、指导服务和技能竞赛、外出展出等工作，并通过商标注册、品牌管理、规范制度促进“沙县小吃”上档次、上水平等内容的宣传，使全社会进一步认识优秀品牌的成长和发展。

（4）以劳务品牌诚信建设为宣传主题。要通过宣传，明确诚信不仅体现企业亲和从业者的价值理念，更是创立并保持劳务品牌信誉的根本所在。调查显示，有四成多劳务品牌实体明确提出要强化品牌管理和诚信建设。因此，在宣传上要用“看得见的”真实人物和“感觉得到的”企业诚信服务来影响劳务品牌企业和从业人员的价值观，宣传推介企业诚信自律制度及其有效促进品牌发展的效应，让企业诚信看得见、摸得着，让从业人员与劳务品牌在诚信建设中形成“最大同心圆”。

（二）积极打造全媒体矩阵，提高宣传能力

随着网络信息技术的迅猛发展和进步，人们已经进入了一个全新的信息快速传播的融媒体时代，信息的传播和交流突破了时空和

地域限制，传播手段多样，传播能力更强。但据调查，目前我国劳务品牌中大部分实体还在使用传统模式进行宣传推广，宣传渠道较为单一，使用线上服务系统、平台或终端进行宣传推广的仅占一成，利用自媒体进行宣传的不到四成。现阶段，媒体融合发展已成为大势所趋，劳务品牌的推广与宣传应充分利用现有报纸、电视、杂志、网站、微信、微博等媒体资源，积极探索融媒体时代劳务品牌的宣传和推广。

（1）强化平台建设，实现品牌宣传多元传播。应强化劳务品牌在融媒体平台的功能建设，适应网络及新媒体的传播趋势，满足受众差异化获取信息资源的需要，利用“传统媒体+新媒体”“线上+线下”等多种方式，实现劳务品牌信息同步多点的数字化发布，满足不同群体实时浏览和查询的需要。通过将劳务品牌宣传片同步在移动终端上进行点播和回看，大幅提升劳务品牌新闻传播的影响力和覆盖率。通过政府官方微博、微信公众号，做到劳务品牌信息常态化发布，提升劳务品牌对外形象。

（2）整合媒体资源，形成品牌推广合力。促进传统媒体和新媒体从机制、流程、人员配备等方面的资源整合，打破单一报道形式，针对不同传播平台及用户特点推出不同传播内容，激发务工热情和用工需求，特别是对劳务品牌重大事件的宣传，应综合运用文字、视频、声音、360 全景照片等新技术、新形式，实现新闻作品更佳的效果。应将新技术更好地运用到实际新闻传播中，运用移动直播、网红带货等更多互动、可视化的内容和形式，不断挖掘和释放融媒体的“主流叙述”能量。

（3）以真实案例为中心，提升宣传推广实效。应以真实案例为中心，发挥融媒体“准”“快”“微”“悦”的特点，提升宣传效应。“准”即报道准确、专业，宣传把准方向，做好导向，为受众群体提供真实客观的劳务信息，真情实感的劳务经历分享；“快”即第一时间对劳务品牌的企业用人信息、培训信息、品牌宣传或重大活动进行“新媒体式”解读；“微”即针对网络语境策划选题，运用短视频、动图、表情包等手段创造更丰富的呈现形式；“悦”即从文、图、声、乐、形，以及版式设计等方面进行全方位展示，改善阅读体验，触发真实情感，激发正能量。

（三）通过品牌传播，展现和拓展劳务品牌生态圈

充分发挥劳务品牌的优势，彰显品牌自身的核心价值，在从业人员、用工单位和全社会树立品牌信誉和良好形象。在宣传内容上深入挖掘劳务品牌的经济、文化资源，加强对区域性特色、服务内容、亮点工作的专题报道，以真实的信息、人物、观点，吸引全社会对劳务品牌的关注，扩大劳务品牌影响力。

与此同时，劳务品牌的宣传还要结合区域产业优势，在拓展品牌生态圈、提高品牌知名度、助推品牌健康发展上下功夫。以湖北省劳务品牌“潜江龙虾工”为例，当地利用“中国龙虾之都”潜江的声誉，打造潜江龙虾产业，带动劳务品牌的发展，形成从养殖、捕捞、加工、收购、贩运到烹饪、调料秘制、销售等全产业链的产业布局。在宣传推广中，结合“龙虾之都”建设的战略目标，以提高品牌质量为出发点，严把人员素质关，通过技能培训培养高素质的劳务人员，通过跟踪服务、良好口碑和贴心服务提升品牌知名度和竞争力，宣传和推介企业全方位的发展、多人才的培养和高标准的服务，使这一劳务品牌形成了强大的影响力。

劳务品牌发展研究报告（摘要）[①]

经过数十年的发展，我国劳务品牌走进了新的发展阶段，同时影响劳务品牌发展的宏观经济社会环境和因素也发生着深刻变化，劳务品牌的发展中存在的各种问题仍然突出，面临的挑战依然不少，促进劳务品牌可持续、高质量发展面临新的机遇和挑战，需要在各方面付出更多、更大的努力。

一、劳务品牌的发展阶段与基本特征

（一）劳务品牌的发展阶段

我国劳务品牌的发展伴随着中国特色社会主义经济体制的建立和发展进程，在从农业化向工业化、信息化经济产业体系转变，城乡二元向城乡融合的过程中，适应劳动力市场供需结构的调整变化实践，同时也在理论认知上，对劳动商品化、市场经济、人力资本和品牌经济等各种层面的理论进行吸收创新。从实践过程看，劳务品牌的发展大致经历了以下几个阶段：

萌芽发轫期：改革开放初期，农村劳动力自发转移。劳务公司有计划、有组织地输出。

---

① 摘自中国劳动和社会保障科学研究院 2021 年《劳务品牌发展研究报告》。课题组主要成员：莫荣　陈云　曹佳　李付俊　楚珊珊。

发端探索期：20 世纪 80 年代末到 90 年代，劳务经济兴起，劳务品牌意识初步形成，相关组织发端。

加力发展期：21 世纪以来，在市场经济的背景下，有组织、有意识地推动发展的阶段。

升级加速期：当前阶段，新环境条件下政策与市场合力促进发展的新阶段。

当前，高质量发展、乡村振兴、共同富裕等为劳务品牌的发展提供了新的经济社会发展环境和政策动力。人力资源社会保障部高度重视劳务品牌建设，将其作为就业创业工作的重要内容。十四五就业促进规划纳入专章专节进行规划部署。2021 年 9 月，20 个部门印发《关于劳务品牌建设的指导意见》（以下简称《意见》），为劳务品牌发展提供了最直接有力的政策依据。《意见》围绕劳务品牌高质量发展，提出市场化运作、规范化培育、技能化开发、规模化输出、品牌化推广、产业化发展的“六化”发展思路。《意见》对不同发展层次、类型和领域的劳务品牌，从发现、培育、提升到壮大的不同发展阶段提出了相应的支持政策内容。《意见》强调政府部门、行业企业、社会组织等不同主体在政策支持、标准制定、行业监管、工作协调、研究宣传等方面建立协同机制，为合力推进品牌发展提供保障。

（二）劳务品牌的基本特征

劳务品牌是指由具有特定专业技能的劳动者群体、在特定劳动领域，通过提供劳动、技能、产品和服务等方式，形成具有较大规模、较高品质、较大社会认同度的品牌化劳务资产。劳务品牌的主体是具有特定技能的劳动者。劳务资产既包括有形资产，也包括无形资产。

劳务品牌的基本特征包括以下方面：

规模化：具有一定的人员规模、经济规模和占有率。

专业化：具有特定专业技能、独特产品资源、专利技术。

区域/行业性：发源和运行在一定区域和特定行业范围。

融合化：劳务品牌的发展是人员、技术、产品、服务、品牌等各要素的融合发展。

品牌化：品牌化是重要标志，品牌质量、价值、规范、标准、信誉、影响度，品牌的组织与运作机制是品牌化发展的重要内容。

二、当前劳务品牌的发展状况与趋势

（一）劳务品牌的发展状况

劳务品牌发展规模壮大、行业分布广泛、品牌业态丰富、功能影响深化、品牌效应明显，但发展不充分不平衡的问题仍然突出。

经调查，101 家劳务品牌共带动就业 983. 77 万人。带动就业 10 万人以上的有 32 个劳务品牌。101 个劳务品牌带来的年产值为 7936. 53 亿元。“南康木工”“林州建筑工人”“监利玻铝商”年产值分别为 2000 亿元、1500 亿元和 1000 亿元。年产值 100 亿元以上的劳务品牌有 13 家。

区域分布上，全国各大省（自治区、直辖市）均有其特色的劳务品牌，但数量居多的主要分布在劳务输出大省（甘肃、河南、河北、广西、湖北、四川）、东北老工业基地（辽宁、黑龙江），以及华东地区（山东、江苏）。

产业分布上，劳务品牌在第一、第二、第三产业均有所涉及，但在第一产业中的占比较小，大多集中在第二、第三产业中。

类型分布上，劳务品牌中以技能为核心要素驱动的占比最大，为 44.55%；以产品为核心要素的占比为 32.67%；以传统文化为核心要素的占比为 16.83%；以服务为核心的品牌较少，占比仅为 5.94%。

（二）劳务品牌的发展趋势

劳务品牌的发展呈现出以下发展趋势：

①品牌主体从以外出农民工为主向各类群体均有涉及的多元化方向发展。②品牌内容从以简单劳务为主向技能、产品、服务、文化、价值等多要素融合的方向发展。③品牌行业从以传统建筑、制造和家服等行业为主向全行业拓延的方向发展。④品牌方向从以单向劳务输出为主向劳务输出和返乡创业双向流动的方向发展。⑤品牌业态从传统方式为主向“互联网+”线下线上并行的方向发展。⑥品牌范围从单一产品开发向产业生态建设的方向发展。⑦品牌建设从自发性向自主性、组织化、规范化、品牌化的方向发展。⑧品牌发展从以市场内生向市场和政策双动力驱动的方向发展。⑨品牌功能从解决就业总量压力向化解结构矛盾和实现高质量就业的方向发展。

三、劳务品牌发展的问题、机遇与挑战

（一）劳务品牌自身的问题

（1）劳务品牌意识不强、主体性不够。劳务品牌主体对于劳务品牌的核心是“人的建设”的认知不足，品牌行业既缺乏有形

品牌标志，也缺乏无形品牌的自主意识。

（2）处于产业价值链低端，人员整体素质偏低。品牌行业总体处于价值链低端，人员呈现“一高两低”的现状，即“年龄高、学历低、技能低”，很大程度上制约了劳务品牌的提升和发展。

（3）品牌建设基础比较薄弱。部分品牌规模较小，核心竞争力不强，自身“造血”功能不足，聚拢效应不够明显，产业链、供应链、生态链建设薄弱，转型升级发展空间受限。

（二）政策服务的短板

（1）政策系统性不足，尚未形成政策合力。劳务品牌专项政策较少，系统性不足，在协调财政资金、工作机制构建、品牌培育发展等方面缺乏系统支持，尤其缺乏劳务品牌构建、维护与运营的操作性政策和服务，同时，各部门也尚未形成政策合力。

（2）行业标准和监管机制不健全。普遍缺乏行业性或区域性的标准规范，在专业知识、技术指导方面缺乏依据，行业监管不完善，品牌资源缺乏持续性和规范性的保护，限制了劳务品牌的有序健康发展。

（3）现有政策仍然存在诸多短板和堵点。一些新兴品牌专业技能培训未被纳入培训补贴范围。培训机构设置的专业主要是为了获取补贴，培训时间短、投资小，与地方经济特色明显不合。一些品牌技能人才职业技能等级受限，不能纳入人才政策支持范围。

（4）服务机制体系建设存短板。缺少培育载体，政府部门、企业机构、行业组织等主体之间协同建设品牌的机制、相应的监管和服务职能不清晰。劳务品牌建设的专业研究人员、专业服务机构严重短缺，统计调查等基础服务供给不足。

（三）宏观环境条件提出的新机遇与挑战

（1）高质量发展与高品质生活的要求。经济社会高质量发展，人们对高品质生活的追求，将为劳务品牌带来机遇和挑战。

（2）产品和服务的“品牌化”。需求结构的改变和升级将引致劳务品牌的此消彼长。

（3）城乡区域结构调整提供机遇与挑战。城乡经济社会发展和经济地理空间格局正在发生深刻变化，农村劳动力就地就近就业创业机会更多，给以农村劳动力输出为主要内容的劳务品牌发展提出新的挑战。

（4）人口结构变化对劳务品牌发展的影响。基于劳动力供给规模持续扩大，劳务品牌的发展路径将发生根本性变化。一些传统的建筑、制造、家庭服务等行业的劳务品牌普遍存在后继乏人的困境，同时，老龄化等带来了新的产业和消费需求，这些条件都给劳务品牌的发展提出了新机遇与挑战。

（5）技术进步与变革带来机遇与挑战。一方面，技术的进步与变革有利于推动新的劳务品牌的形成，带来新的发展模式和新业态；另一方面，受技术替代影响，传统劳务技术相关行业用工规模大幅较少，有的从业人员将面临失业、转业的情形。

（6）双循环发展的新格局对劳务品牌的影响。新发展格局有利于国内、国际两个市场，两种资源的利用，我国既要打造“中国制造”的劳务品牌，也要发展“中国服务”的劳务品牌。同时，在劳务输出和引进方面也将面临新矛盾和新挑战。

四、促进劳务品牌发展的政策建议

当前，就业优先政策不断强化，新经济、新业态大量涌现，劳务品牌发展面临新机遇和新挑战。因此，有必要将发展劳务品牌作为化解结构性就业矛盾、提升劳动者就业质量的重要抓手，以适应经济社会高质量发展、人民群众高品质生活的需要。抓住经济转型升级、人口结构变化、技术更新迭代、社会治理完善、生活品质提升等带来的机遇，结合国家重大产业调整、重大战略工程项目建设，战略新兴产业、先进制造业、现代服务业的发展，有针对性地培育劳务品牌。

具体来讲，有以下六个方面的政策建议。

第一，加强政策对接，精准扶持。贯彻落实新出台的促进劳务品牌发展的政策措施，加强与其他现有政策的对接，从主体培育、要素供给、业态创新、环境优化、监管规范、人事人才、权益保障、国际合作等方面逐步完善政策体系，针对不同行业领域、不同发展阶段、不同品牌类型、不同业态模式的劳务品牌，提供精准的政策支持。

第二，坚持以人为核心，加大投资力度。加强劳务品牌多元化、多层次的人才体系建设，加强品牌从业人员梯队建设，充分发挥高层次、高技能人才的引领作用。将技能培训、职业素质与品牌文化等纳入政策支持范围。加强劳务品牌从业人员培训资源的供给，提高培训的针对性和有效性。完善职业技能和专业技术等级的评价体系，探索建立技术技能等级与劳动报酬挂钩的市场定价机制，将品牌人才纳入人才支持政策范围。

第三，加强要素开发，促进融合发展。在以人为核心的基础上，加强技术、独特资源、文化、资本、产业、场地等各种要素的开发和融合，加强产业链、供应链和生态圈建设，多行业、多领域、多业态拓展空间，创造劳务品牌发展的新机会、新动力和新平台。

第四，加强组织协同，形成合力。充分发挥市场主体、政府部门、企业协会、专业机构和劳动者群体等多元主体的作用，建立制度化的协同机制、机构和平台，在政策协同、组织运作、品牌建设等方面，形成促进劳务品牌发展的合力。

第五，实施品牌铸造工程，强化品牌内生动能。以龙头企业、产业园区、连锁联盟、劳务平台等为载体，打造一批高质量劳务品牌。研究建立劳务品牌评价体系，加强品牌有形资产和无形资产的建设，围绕品牌核心竞争力，强化品牌内生功能和外溢效应，提升品牌形象和影响力。

第六，夯实服务基础，助力品牌高质量发展。加强针对劳务品牌的服务机构和人员队伍建设，提升专业能力；加强劳务品牌人力资源市场建设，建立劳务品牌统计监测机制，加强劳务品牌发展研究，创新宣介方式等。

劳务品牌的主要特点、做法及发展建议

2021 年 3 月，人力资源和社会保障部就业促进司委托中国就业促进会承担了劳务品牌征集推荐工作。根据各地上报的材料，项目组对劳务品牌的主要特点、做法及问题进行了总结分析，对深入推进劳务品牌的发展建设提出了相关建议。

一、劳务品牌的主要特点

（一）从行业看，劳务品牌仍主要集中在传统劳动密集型行业

地方上报的 116 个劳务品牌共涉及 15 个行业，其中劳务品牌数量位居前三的行业分别是居民服务、修理和其他服务业（24 个，占比 21%），住宿和餐饮（15 个，占比 13%），建筑业（13 个，占比 11%）。其中，24 个居民服务业劳务品牌中，家政类就有 18 个，涉及 12 个省。13 个建筑业劳务品牌中，建筑工类就有 9 个，涉及 6 个省。由此可见，劳务品牌仍主要集中在传统劳动密集型产业，是促进农村劳动力转移就业的重要途径。如重庆“巴渝大嫂”每年提供家政服务劳务输出 17. 6 万人次；陕西“蓝田厨师”带动全县内外餐饮行业从业人员 5 万余人；陕西常年有 6 万多“旬阳建工”遍布全国各地。

本文摘自中国就业促进会 2021 年《劳务品牌征集项目情况报告》。

（二）从类型看，劳务品牌呈多样化

此次征集的劳务品牌都具有地方特色生产经营加技能者的共性。从形成因素划分，有以下几种类型：一是特色产品与技能者结合打造劳务品牌。如安徽“绩溪金徽厨”、福建“三明沙县小吃制作技艺师”。这些产品本身就是一个著名品牌，经过多年发展，产品和生产经营者都有一定的知名度且被广泛认可，成为打造劳务品牌的优势。二是专门职业与技能者结合打造劳务品牌。如山东“乐陵港务工人”“菏泽汽车维修工”。这些职业岗位需要大量熟练劳动者，通过打造劳务品牌，提升了职业的影响力，从而促进了该行业的发展。三是劳务协作带动培训和服务打造劳务品牌。如福建“龙岩市人力资源超市”“海峡闽宁劳务”等。这些劳务品牌以人力资源服务、劳务协作为依托，在建立劳务合作平台、开展岗前培训、定点培训、精准对接等一站式服务过程中，逐渐形成并创建了劳务品牌。四是新兴产业与新兴从业技能者结合打造劳务品牌。如四川“成都新电商人”、河北“张家口动漫人”。这些品牌依托互联网电子商务、动漫游戏等新兴产业及其新技能人员形成了新的劳务品牌。

（三）从分布看，劳务品牌主要集中在人力资源大省

在报送材料的 27 个省中，推荐 5 个及以上劳务品牌的有 12 个。其中，四川、重庆、河南、湖南、陕西、甘肃等省市，有着丰富的劳动力资源，劳务品牌的打造对促进劳动力转移就业、返乡创业、助力脱贫起到了积极的作用。如四川“温江花工”，通过多年的品牌打造，共有园林绿化企业 412 家，从业者 10 万余人，年销

售收入7亿~9亿元。又如湖南“郴州建筑工匠”，以良好的劳务品牌形象遍布世界各地，从业人员在20万人以上，每年为家乡挣回超150亿元的巨额劳务收入。

（四）从发展看，新型劳务品牌不断涌现

近年来，各地在劳务品牌建设发展中，充分发掘区位优势、产业优势和科技优势，同时借助互联网和信息产业发展，涌现出一批新兴产业的劳务品牌。如江苏“宿迁客户服务管理师”，依托京东集团发展电商产业，培养了近万名客户服务管理技能人才，使宿迁快速发展为“电商名城”，也打造了新型劳务品牌。又如浙江“武义超市经济”，将打造劳务品牌与发展“超市经济”和乡村振兴结合起来，1万多家武义超市遍布长三角地区的大街小巷，从业人员达10万余人，带动了山民脱贫，使武义走在了乡村振兴的前列。

二、各地劳务品牌的主要做法

（一）政府扶持力度进一步加强

各地政府部门，特别是人力资源社会保障系统越来越重视劳务品牌的发展，纷纷打出政策“组合拳”，包括资金投入、税费减免、产业集聚、人才培养、优化服务、宣传引导等。如“吉林大米农技工”，吉林省委省政府将打造农技工劳务品牌、做大做强吉林米业，定为全省就业优先发展战略。从政策支持、技能培训、示范引领等多方面促进劳务品牌发展，增加了就业，带动了脱贫，使农民的收入进一步提高。又如湖北“潜江龙虾工”，通过实施劳务品牌战略，创造宽松的政策环境，落实资金支持，成立行业组织，

制定行业标准等措施，形成集科研、养殖、加工、餐饮、商务等为一体的产业融合发展格局，在全产业链上打造劳务品牌，带动从业人员15万余人。

（二）注重挖掘地方资源优势

各地在劳务品牌建设中，充分挖掘利用自然资源和历史文化资源。很多劳务品牌都是依托地域优势、产业优势、文化优势、技艺优势等发展起来的。如内蒙古“巴林左旗笤帚工”，利用东北、华北地区最大的笤帚苗产区，发挥悠久的种植、加工、编织优势，将全旗8万余人吸纳在笤帚产业链上，年产值10亿元以上，使近万名农户稳定脱贫，美名誉享周边邻国。又如陕西“西岐名吃”，借助民俗文化优势，发挥品牌引领效应，带动臊子肉、手工挂面、食醋、锅盔等饮食产业的发展，建立食品加工厂300多个，带动岐山8.7万人就业，其中帮助1000余名贫困劳动力就近就地就业，户年均收入10万元左右。

（三）强化技能培训，发挥人才优势

各地将技能培训作为劳务品牌建设的重要抓手，通过培养专业技能人才提高劳务品牌的影响力和竞争力。如广西“钦州坭兴陶艺师”，依托北部湾职业技术学校，采用专业化、品牌化、标准化、国际化培训模式，紧密对接陶艺产业需求，培养懂理论、会操作的陶艺技能人才，深受企业欢迎，形成了具有地方特色的劳务品牌。又如山西“棋源叉车工”，通过专业化的技能培训，为定点协作企业输送了一批批熟练掌握专业技术的劳务人员，使“棋源叉车工”劳务品牌在周边县市越叫越响。

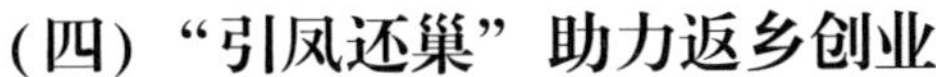

（四）"引凤还巢"助力返乡创业

近年来，各地将劳务品牌建设与吸引人才返乡创业结合起来，出台相关扶持政策，鼓励和支持本地的企业家和从业者返乡创业。如河南"鹿邑化妆刷制作工"，鹿邑县委县政府大力实施"引凤还巢"工程，县财政每年提供不少于 5000 万元的返乡创业发展基金，为返乡创业企业解决融资难题，为创业者提供新建厂房补贴、房租补贴和创业开业补贴，落实定向减税和普遍性降税政策，助力农村劳动力返乡创业，累计有 8000 多名鹿邑籍企业老板和熟练工返乡创业。又如湖北"监利玻铝商"，监利市委市政府坚持政策引导，大力发展"归雁经济"，实施"能人回归"工程，专门成立了工作小组进行招商引资，通过搭建企业家创业平台，营造优质投资环境，提供优惠投资政策等，吸引了一大批监利玻铝优秀企业家返乡创业。同时，积极筹建玻铝产业园，预计可提供 2 万个就业岗位，实现产值超千亿元。

三、存在的问题和相关建议

从各地上报的材料看，劳务品牌在促进农村劳动力转移就业，引导劳动者就业创业，推动地方经济发展等方面发挥着越来越重要的作用。同时，在品牌推选过程中也发现存在一些问题。2021 年 1 月，就促会组织开展了关于劳务品牌发展现状分析及其在新形势下提升路径与加强宣传的研究，相关建议已在研究报告中提出。结合本次劳务品牌征集推选中发现的问题，补充建议如下：

（一）加强政策指导，促进品牌发展

各地政府部门要更加重视劳务品牌建设。一是完善相关扶持政策，如社保异地缴费、年费续接（主要是指异地企业应负担缴费的部分），以及培训补贴等政策。二是针对不同地区、不同行业、不同类别，加强对品牌的分类指导，特别是对推动乡村振兴的劳务品牌给予政策倾斜。

（二）加强对相关人员的培训，提升品牌意识

各地比较重视对劳务品牌从业人员的技能培训，而推动品牌发展首先要从政府层面和品牌单位管理层面提高认识，明确定位。因此，应加强对人力资源社会保障系统相关负责同志和品牌单位负责同志的培训。一是理论知识培训，包括劳务品牌的基本概念、主要特征、核心要素等。二是实际操作培训，包括劳务品牌培育的基本途径、主要方法、相关标准体系建设等。三是实地考察，选择一批有代表性的劳务品牌作为学习交流的典范。

（三）加强品牌质量建设和信用建设

质量和诚信是劳务品牌发展的核心价值和生命力。目前，很多劳务品牌尚没有统一的品牌质量建设和诚信服务标准。因此，应加强服务质量和诚信建设，以及促进劳务品牌长远发展的研究和探索。一是在总结一些劳务品牌先行先试经验的基础上，进一步开展专项研究，为建立全国劳务品牌服务标准化体系做好技术储备和案例收集工作。二是建立健全信用制度，将诚信和信用的理念融入劳务品牌活动的每个环节，打造“诚信+”机制，形成诚信经营服务

的良好机制。

（四）加强学习交流，以典型引路带动发展

从上报材料看，各地劳务品牌发展不平衡，应加强学习交流。一是召开品牌交流会，搭建劳务品牌交流平台，组织品牌单位定期开展学习交流活动，分享好的经验，探讨存在的问题，提出推动劳务品牌建设的方法思路，总结规律性的做法供大家学习借鉴。二是加强宣传，借此次劳务品牌推选和展示交流之机，对劳务品牌进行持续宣传，包括经验做法、典型事例和各地政府支持措施和创新做法等，为劳务品牌发展营造良好的舆论氛围，让劳务品牌的理念深入人心。

（五）深化工作研究，推动创新发展

结合地方在劳务品牌建设中的创新实践，持续开展劳务品牌的调研工作，为促进劳务品牌健康持续发展提供理论支撑。一是开展劳务品牌标准化体系研究，促进劳务品牌的规范化发展和质量提升。二是开展劳务品牌生态圈建设研究，做大做强劳务品牌。三是开展创新型劳务品牌研究，推动劳务品牌转型升级。四是开展劳务品牌统计分析，包括发展数量、行业类型分布、对当地经济的贡献、带动就业创业的成效等。

历程实录

全国劳务品牌展示交流大会

2007 年 11 月

从中国就业促进会获悉，全国劳务品牌展示交流大会于 2007 年 11 月 7 日至 8 日在郑州国际会展中心举行。全国 29 个省、自治区、直辖市劳动保障厅（局）组团参展，近 300 个优秀劳务品牌和就业服务型品牌盛装亮相。

劳务品牌是指一个地区外出务工人员从事某一行业（职业、工种），人员集中形成相当规模，具有专业技能和特色优势，在一定区域范围内具有较高知名度和信誉度，则称该地区从事该行业（职业、工种）的外出务工者群体为劳务品牌。这次展会以“劳务品牌：素质、管理、质量”为主题，旨在深入宣传党的十七大精神，贯彻《中华人民共和国就业促进法》，推进城乡统筹就业，促进劳动力资源的供需交流与开发利用。展会由劳动和社会保障部、河南省人民政府指导，中国就业促进会主办，河南省劳动和社会保障厅承办，北京北奥广告公司提供技术支持。

据中国就业促进会介绍，本次展会是全国首次劳务品牌展示和劳动力资源供需交流大会。展区面积 6000 平方米，设国际标准展位 300 个。展会通过举办劳务品牌展示、劳务品牌与促进就业论坛、劳务品牌评议推荐、劳务合作洽谈等丰富多彩的活动，集中宣传展示各地在组织开展劳务输出和就业服务工作中，创建品牌及发展劳务经济的成果，研究探讨劳务品牌发展思路和发展趋势，宣传推荐一批全国优秀劳务品牌，大力推进劳动力资源供需对接，进一步提高劳务输出的规模和质量。

展会期间，中国就业促进会召开了会员大会暨一届三次理事会，举办中国就业促进会网站开通仪式等。

两天来，劳动和社会保障部、河南省人民政府等有关领导，国内著名专家学者，以及各地劳动保障部门、职业中介服务机构、就业培训机构、劳务派遣机构、人力资源机构、大中型企业的近千名嘉宾莅临大会观摩指导、研讨交流、洽谈合作。

（文章来源：中央人民政府网，2007 年 11 月 7 日）

关于表彰全国劳务品牌展示交流大会优秀劳务品牌的决定

中就会字〔2008〕1号

各省、自治区、直辖市劳动和社会保障厅（局），省级就业促进会：

劳务品牌是劳务输出中的精品，是农民工的就业名片，是推动劳务经济健康发展的重要举措。为充分展现和交流近年来各地创建劳务品牌及推动劳动力跨地区流动就业的成果，2007年11月，中国就业促进会在河南郑州举办了全国劳务品牌展示交流大会。其间，通过文字图片、视频图像、技能表演等形式，展示了一大批各具特色的劳务品牌。为树立典型，表彰先进，经参展劳务品牌所属机构申报，专家组评议研究，决定对北京“爱都月嫂”等281个全国劳务品牌展示交流大会优秀劳务品牌予以表彰。

希望受到表彰的劳务品牌，珍惜荣誉，再接再厉，进一步在提高素质、加强管理、注重质量、讲求信誉等方面下功夫，为提高劳务输出的层次和质量发挥示范作用。希望各地以此为契机，认真贯彻实施《中华人民共和国就业促进法》，加强对劳务品牌的培育、宣传和推介，大力营造以劳务品牌带动劳务输出，以劳务品牌推动农业富余劳动力转移就业的良好氛围，为发展劳务经济、促进城乡统筹就业、构建社会主义和谐社会做出积极贡献！

2008年1月18日

劳务品牌建设工作座谈会会议纪要

2009 年 11 月 6 日

2009 年 11 月 6 日，中国就业促进会在北京组织召开了劳务品牌建设工作座谈会。参加会议的有河南省、四川省、湖北省，河北承德市、陕西宝鸡市、江苏如皋市，以及重庆彭水苗族自治县等省、市、县人力资源社会保障（劳动保障）部门负责劳务输出工作的有关同志，以及山东鲁西人力资源开发中心、广西八桂月嫂女子就业服务中心、宁夏铁发劳务代理有限公司等劳务输出中介机构负责人。王英才、王锡赞同志参加了座谈会。与会代表紧紧围绕劳务品牌的发展方向、工作抓手等问题，结合各自地区、单位工作实际进行了充分的交流和热烈的研讨，并形成了一些共识。

1. 关于劳务品牌的作用及发展

与会代表认为，伴随着市场经济的深入发展，农村富余劳动力转移就业规模不断扩大，层次逐步提升，商品品牌的理念被引入到劳务输出工作中，在实践中形成了各具特色的劳务品牌。目前，劳务品牌已经成为劳务输出中的精品，成为农村富余劳动力外出务工的名片，成为劳务经济健康发展的方向。特别是 2007 年在郑州举办的全国劳务品牌展示交流大会，在社会上叫响了劳务品牌，起到了很好的舆论宣传作用，引起地方政府及人力资源社会保障部门对劳务品牌工作的高度重视。一些地区采取了很多措施，大力推动劳务品牌建设。

四川省农务办副主任马绍兴说：“在省委省政府的大力支持下，我省从2005年开始在全国率先打造‘川妹子’家政服务品牌，2006年又相继推出‘川建工’‘川缝纫’‘川厨师’‘川数控’‘川电子’等劳务品牌。通过打造劳务品牌，四川省外出务工人员收入明显增加。”河南省农民工办副主任占江说：“2007年全国劳务品牌展示交流大会后，河南省积极实施品牌带动战略，原有劳务品牌的市场地位更加巩固，新的劳务品牌不断涌现。目前河南省各类劳务品牌100多个，有较大规模和效益的31个，其中‘安阳建筑’‘新县涉外劳务’‘长桓防腐’等成为全国知名劳务品牌。通过打造劳务品牌，进一步扩大了劳务输出规模，提高了劳务收入，推动河南由劳务大省向劳务强省转变。截至2008年底，全省外出务工人员近2150万人，年劳务收入超过1600亿元，劳务经济和劳务品牌建设成为全省工作的一大亮点。”江苏省如皋市劳动就业管理处马达文副主任说：“打造‘333’如皋模式劳务品牌，即培训专业品牌、学校名校品牌和就业服务品牌，给如皋市带来了良好的经济社会效益：一是推动了技能培训的大发展；二是推动了名师人才的大量出现；三是推动了产业经济的大繁荣；四是推动了人力资源的大配置。”

代表们在充分肯定劳务品牌建设成果的同时，也反映了发展中的一些问题，归纳起来，主要有以下几个方面：一是劳务品牌建设存在较大的随意性，各自为政，没有统一的标准，缺乏规划，存在多、乱的现象；二是许多劳务品牌层次较低，质量不高，内涵挖掘不够；三是对劳务品牌宣传推广力度不够，知名度和美誉度比较低；四是劳务品牌建设缺乏系统的理论支持和政策引导等。

2. 关于劳务品牌的发展思路

与会代表一致认为，要进一步推动劳务品牌建设，必须明确发展方向，确定工作抓手。劳务品牌的发展方向，应该是张小建副部长在2007年全国劳务品牌展示交流大会提出的主题口号：“素质、管理、质量”，就是要在“提高素质、加强管理、注重质量”这三方面下功夫。培育和发展劳务品牌，应该从哪些方面去抓？与会代表认为，一是要加强政府的引导和支持。河南、湖北等地方的同志在发言中指出，各级政府应当将发展劳务品牌纳入促进城乡统筹就业整体战略，制定相应的扶持政策，并常抓不懈。二是要发挥劳务输出中介组织的积极作用。山东、广西、宁夏等地方的代表指出，品牌本身是市场化的产物，要做大做强劳务品牌，必须坚持政府指导下的市场运作模式，政府搭台，企业唱戏。三是要加强职业技能培训，提升就业能力。劳务品牌的核心，是务工群体的综合素质，尤其是职业技能水平。当前劳动力市场竞争更加激烈，开展多形式、多层次的职业培训，提高外出务工人员的能力素质，使劳务输出由体能型向技能型转化，是做大做强劳务品牌的必由之路。四是要逐步完善就业服务体系，夯实劳务品牌发展基础。建立高效畅通的劳动力供求信息网络，完善“培训、输出、维权”三位一体的工作机制。五是要建立劳务品牌的认定评估机制，制定全国统一的、科学的劳务品牌认定标准、管理办法等。中国就业促进会作为促进就业的社团组织，应该在这方面发挥作用，组织专家研究制定劳务品牌的认定标准，并在此基础上适时组织全国优秀劳务品牌评选交流活动，发挥优秀品牌的典型示范作用，引导各地的劳务品牌建设向规范化、专业化、素质化方向发展。

王英才同志在会议小结中，对就业促进会下一步如何抓劳务品牌建设提出四点意见：一是将继续围绕劳务品牌的发展方向等问题，在总结这次会议成果的基础上，向有关部门和专家学者征求意见，进一步开展深入的研究探讨。二是将通过中国就业杂志、就业促进会网站、就业工作通讯等宣传平台，大力宣传劳务品牌的价值作用、各地的经验做法等。三是组织研究制定劳务品牌的认定标准。通过制定统一科学的劳务品牌认定标准，强化劳务品牌的“素质、管理、质量”这三大要素，进一步引导各地在劳务品牌建设中更加重视职业培训，重视管理和服务。四是研究当前国家对农民工工作的各项政策，向政府部门建议将劳务品牌建设纳入劳动力转移就业、职业技能培训规划，给予政策、资金支持。

关于进一步做好劳务品牌调查研究工作的意见

2010 年 8 月

按照中国就业促进会张小建会长提出的抓好劳务品牌基础建设，做好企业、政府两个层面调查研究工作的要求，调查研究工作拟分三步走，一是摸清底数，掌握情况。重点了解企业创建劳务品牌的经验做法和政府推动劳务品牌发展的工作手段。二是剖析案例，树立典型。通过对品牌案例的分析探讨，树立一批劳务品牌典型，加大宣传推广，为更多品牌的涌现和发展提供导向。三是总结规律，明确定位。通过总结企业创建劳务品牌的经验规律和政府推动工作的方法举措，明确政府部门推动品牌发展的立脚点和协会推动工作的切入点。

一、摸清底数，掌握情况

（一）明确调研内容，选定调研对象

在已有劳务品牌工作基础的省市中，选择部分企业或机构进行调研。

调研内容：①企业或机构劳务品牌的打造过程，发展情况以及

自身特点；②多个地区同类品牌形成过程中的共同规律；③企业在创建劳务品牌过程中的典型经验、存在问题和应注意的事项；④政府部门在培育推动劳务品牌发展方面出台的政策和采取的相关措施。

调研对象：①企业创建劳务品牌时间较长，相对较成熟，具备一定规模；②企业劳务品牌在当地或输入地具有一定知名度和信誉度；③当地政府重视劳务品牌建设，有明确的政策支持或制定了相关认定标准，并在本地区内开展过认定评选工作（如湖北、山东、河南、四川、江苏、河北等）；④劳务品牌对促进本地区农业富余劳动力转移就业有明显效果。在调研对象选择时，应注意东、中、西部地区的分布情况，以及同类品牌在不同区域以及在不同产业行业的分布情况。

（二）深入企业和地方调研

采取实地调研和座谈讨论相结合的方式，深入地方，深入企业，重点挖掘劳务品牌创建中的典型经验，品牌在企业的形成过程，以及当地政府在培育和推动劳务品牌发展方面的工作方法。同时，走访部分输入地和用人单位，了解劳务品牌的创建对企业用工以及经济发展的影响等情况。

（三）组建品牌研究专家队伍

通过调研，发掘一批参与过劳务品牌创建的实践工作者和对劳务品牌发展有一定研究的专家，组建劳务品牌研究专家队伍，为下一步研究制定劳务品牌认定标准储备技术力量。

二、剖析案例，树立典型

（一）研究分析品牌案例

组织研讨会，请企业代表、政府部门有关负责人和专家学者，剖析品牌案例，发现典型经验，总结方法规律；适时举办国际研讨会，学习借鉴国外组织的先进经验。

（二）树立劳务品牌典型

在对劳务品牌典型案例分析研究的基础上，推出一批特色鲜明、发展成熟并具有广泛代表性的典型劳务品牌，进行宣传推广。同时，选择几个在培育推动本省劳务品牌发展方面工作成果突出、成效明显的省份，作为全国劳务品牌建设工作的典型。

（三）发挥典型引路作用

通过经验交流会或媒体报道的方式，宣传推广劳务品牌创建典型经验和政府部门推动劳务品牌建设的工作方法。

三、总结规律，明确定位

（一）总结摸索品牌创建规律

总结企业创建劳务品牌的经验规律，探讨政府推动劳务品牌的方法模式，形成劳务品牌案例研究报告。

（二）明确政府及社团工作定位

通过对劳务品牌基础性工作的研究，找到政府部门引导劳务品牌有序发展的立脚点和促进会推动劳务品牌工作的切入点。

四、其他

有关工作经费问题，建议在条件成熟情况下，商人力资源社会保障部就业促进司立项，争取部里的就业经费支持。同时，争取国内外有关企业提供赞助。

中国就业促进会关于进一步推进劳务品牌建设工作的意见

2011 年 5 月 3 日

一、整体工作思路

劳务品牌建设作为一项系统工程，涉及政府部门、劳务型企业（含中介机构，以下统称企业）及相关劳务人员等多个层面。其中，企业是构成劳务品牌的载体，也是主体，而政府则承担着重要的指导、支持、引领和规范的作用。通过近几年的工作实践和初步研究，我们认为劳务品牌创建与发展的核心是“素质”“质量”“管理”“服务”这四大要素，即企业员工的素质、企业服务的质量、企业管理的水平、企业和员工的诚信度。劳务品牌各有特色，但都离不开这四个核心要素，而政府部门则是从这几个方面进行培育、引导和推动。当前，对劳务品牌建设工作的认识大多还停留于政府部门层面，忽略了企业的主体作用，从而导致劳务品牌建设工作难以实现突破性进展。

下一步劳务品牌建设工作，我们将以强化素质、提升质量、加强管理、诚信服务为工作内容，以企业的品牌要素为主线，以典型企业的经验做法为切入点，以表彰宣传、交流推广为手段，以政府部门的相关工作为辅线，开展劳务品牌建设推进工程。在工作步骤上，每年选择一个核心要素作为重点，开展深入的调查研究，总结实践经验，挖掘先进典型，组织经验交流和宣传表彰活动。同时，进一步开展理论研讨，抓住劳务品牌建设的重点难点，扎实推进。力求用 3~4 年的时间，促使劳务品牌建设工作有整体性的提高。

二、 2011 年工作安排

当前，企业和员工的诚信度已成为全社会关注的焦点问题，也成为所有企业健康发展的关键所在，而在劳务品牌建设中，这一问题的解决更是迫在眉睫。因此，2011 年首先抓劳务品牌“诚信服务”建设，在深入调研和广泛听取意见的基础上，评选表彰一批劳务品牌诚信服务企业，进行经验总结和宣传推广。以此大力倡导诚信服务理念和意识，提高劳务企业及相关劳务人员的诚信度和职业道德水平。具体工作安排如下：

（一）深入调查研究，总结经验

选定劳务品牌发展相对成熟的地区进行深入调研，发现、总结企业在诚信服务方面的经验做法和政府推动劳务品牌诚信建设的方法措施。

（二）研究制定基准，评定典型

参考人力资源社会保障部、中华全国总工会、中华全国工商业联合会联合表彰全国就业与社会保障先进民营企业等有关评选活动的做法，研究制定劳务品牌诚信服务基准。由各地按照评选基准和程序，推荐 2~3 个在诚信服务方面做得好的企业。组织专家审核，确定一批劳务品牌诚信服务企业典型。

（三）组织研讨活动，交流经验

拟于2011年下半年召开全国劳务品牌建设工作研讨会。邀请专家学者、劳务企业、政府部门及用人单位围绕劳务品牌建设的四个核心要素，以“诚信服务”为重点开展专题研讨。同时，对劳务品牌创建、推动的方法措施及发展中存在的问题进行深入研究。

（四）宣传典型经验，倡导理念

借研讨会之机，举行劳务品牌诚信服务企业表彰活动，由受表彰企业联合发出诚信服务倡议。利用各类媒体，大力宣传推广企业诚信服务的典型经验，倡导诚信服务理念和意识，提升企业及劳务人员的诚信度和职业道德水平。

（五）形成典型案例，开发手册

在抓企业诚信服务过程中，要形成两个成果：一是诚信服务30~50个案例，包括正、反两方面的案例；二是企业诚信服务（职业道德）手册。

劳务品牌建设工作情况调研报告

2011 年 7 月

按照张小建会长关于加强劳务品牌建设基础调研工作的指示意见，中国就业促进会于 2011 年 5 月下旬至 6 月中旬，赴四川、黑龙江、吉林、江苏、山东等省开展了专题调研活动，并发挥地方副会长和就促会的作用，分别在湖北、河北、河南、甘肃、新疆、深圳等地组织了调研。同时，就《劳务品牌诚信服务企业基准》广泛征求地方意见。现将有关情况汇报如下：

一、整体情况

近年来，随着城乡统筹就业工作的深入发展，农村富余劳动力转移就业的规模不断扩大，层次逐步提升，在发展实践中形成了一大批具有地方特色的劳务品牌。特别是 2007 年 11 月在河南省郑州市举办的全国劳务品牌展示交流大会，产生了很好的典型推动和舆论宣传作用，进一步引起地方政府及社会有关方面的重视，劳务品牌建设进入一个新的发展阶段，逐步形成了一些共性特点和一套较为通用的路径模式，即政府引导—素质培训—强化服务—宣传推介。

（一）劳务品牌建设的主要特点

（1）政府引导推动。各地政府部门在劳务品牌培育开发中发挥了重要引领推动作用，通过整合资源，提供政策和资金支持等有效手段，大力推进了劳务品牌建设。如吉林省为扶持“吉林保安”劳务品牌的发展，省财政每年投入近300万元；湖北省以及成都市等地政府部门还出台了相关政策文件推动劳务品牌的建设。

（2）重视提升素质。一些地区根据劳动力市场需求，针对务工人员开展多渠道、多层次、多形式的专业技能培训，以提升品牌价值，保持品牌的竞争力。如山东省聊城市为打造“鲁西人力”品牌，专门投资1800多万元，建立了鲁西国际技能学校，将教育教学与生产实践、社会服务、技术推广紧密结合，实现了培训内容与岗位要求无缝连接，提升了务工人员综合素质和市场竞争力。

（3）强化服务管理。为确保劳务品牌能走得出去、站得住脚，许多地方都非常重视对品牌劳务人员输出后的服务和管理，确保输出质量。如山东省泰安市为做大做强“东平港务”品牌，在劳务人员集中输出的天津港、上海港设立办事处和就业服务中心，提供多渠道的跟踪服务。

（4）宣传推广典型。许多地方通过树立优秀典型，制作专题片，举办推介会，编印宣传册等形式，扩大宣传，提高劳务品牌知名度，增强用人单位和社会公众对劳务品牌的认知度。

（二）劳务品牌发展的新趋势

伴随着农村劳动力转移就业工作要求和特点的变化，一些地方劳务品牌开始呈现新的发展态势。

（1）以劳动力跨地区输出为主的品牌创建向异地输出和就地转移兼顾转变。如江苏省苏州市针对当地农村劳动力不愿外出的特点，充分发挥苏绣、手工艺品制作等传统优势，引导本地农村劳动力就地就近转移就业，打造“一镇一品”，成功培育了“镇湖刺绣”“东渚百匠”等劳务品牌。

（2）以政府引导宏观推动向企业、中介机构、培训机构等实体注册品牌方向发展。如江苏省扬州市为推动“扬州三把刀（厨刀、修脚刀、理发刀）”品牌的发展，专门成立了扬州市烹饪协会、沐浴协会和美容美发协会，鼓励劳务品牌进行工商登记注册，引导劳务品牌从地区虚拟品牌逐步向企业机构实体品牌转变。

（3）以注重数量规模为主向数量质量并重的方向发展。如山东省菏泽市为提升“天字号”劳务品牌的竞争力，针对“天使家政”“天香园艺”“天将保安”“天巧焊接”这四类“天字号”品牌，专门联合当地四类专业培训院校，建立了劳务培训基地，合力提升品牌质量。

二、存在问题

通过交流研讨发现，在当前劳务品牌建设工作中，存在着制约发展的三个主要因素：

（1）管理主体不一。把“企业”作为劳务品牌建设工作的主体抓手，是劳务品牌做大做强、增强市场竞争力的关键。但是目前，各地劳务品牌创建工作既有政府部门主导的，又有培训机构、中介机构以及劳务派遣企业打造的。劳务品牌建设工作处于各类管理主体并存的阶段，其中绝大部分地区当前还是以政府部门创建为主。这种现象影响了劳务品牌工作的统一领导、统筹规划和规范管理。

（2）缺乏理论支撑。劳务品牌作为促进劳动力转移就业实践的重要措施，缺乏理论研究，劳务品牌的概念、内涵等至今还没有形成统一的、准确的认识。各地在劳务品牌工作中缺乏正确的理论指导，劳务品牌建设仅仅停留在一般工作推进的层面，摸着石头过河，难以实现质的飞跃。

（3）没有统一的认定标准。劳务品牌的创建、培育和管理是一个复杂的系统工程，亟待制定一个衡量标准。目前，全国只有山东、湖北等省进行过省级劳务品牌评选认定工作，但其评选内容、评选条件也较为宽泛和粗线条。同时，各地劳务品牌建设还存在着较大的随意性，缺乏统一规划和标准认定，使得劳务品牌的市场权威性难以确立。

三、工作意见和建议

调研期间，地方劳务企业负责人、人社部门相关负责同志对年初制定的《关于推进劳务品牌建设工作的意见》进行了研讨。大家一致认为，劳务品牌的建设与发展离不开“素质、质量、管理、服务”这四大核心要素。在当前社会普遍存在“诚信缺失”的状况下，2011 年重点抓劳务品牌的“诚信服务”非常必要和及时，这对促进劳务品牌健康持续发展具有十分重要的意义。

同时，大家结合各地实际情况对开展劳务品牌诚信服务企业推荐表彰工作及其基准条件提出了以下意见建议：

（1）关于表彰推荐的范围。许多同志认为开展劳务品牌评定表彰工作是引导劳务品牌健康发展的有效举措。建议在目前情况下，如要开展推荐评定活动，其范围不应仅局限于具体的劳务企业或中介机构，还应兼顾有关行政部门，以照顾到大部分省市劳务品牌建设工作还是行政部门主导的现实情况，从而广泛调动各方积极性。

（2）关于评定条件的区分。“诚信”属道德层面的范畴，由于不同机构的属性不同，其道德的衡量内容和条件也有所不同。开展“诚信服务”评定工作，应根据企业、中介机构、培训机构乃至行政部门等不同的工作特点，分别制定相应的评定条件。

（3）关于量化指标的确定。由于劳务品牌涉及行业工种多，规模不一，情况比较复杂，劳务品牌的规模、劳动者素质技能水平等很难进行统一衡量，建议淡化评定条件中的量化指标。

四、工作思考

通过对以上调研情况进行认真分析研究我们认为，2011 年下半年进行以劳务品牌企业为核心的诚信评定表彰活动的条件尚不成熟，建议 2011 年暂不开展企业的评定表彰工作。当前，应以《关于推进劳务品牌建设工作的意见》为指导，把工作重点放在提高对劳务品牌“素质、质量、管理、服务”四大核心要素的认识和宣传，以及大力倡导诚信服务和加强理论研究上。具体工作建议如下：

（1）强化劳务品牌企业建设。指导地方把劳务品牌建设工作从政府主导向企业转化，逐步形成在政府部门引导和规范管理下，以企业为核心的劳务品牌建设工作新格局，使企业成为培育品牌、推介品牌、服务品牌和维护品牌权益的主体。

（2）把四大核心要素作为推动品牌建设的工作抓手。将“素质、质量、管理、服务”作为劳务品牌建设的核心内容，同时将其效果的体现作为衡量劳务品牌的标准，始终贯穿于劳务品牌建设工作中。当前，特别要把诚信服务作为工作重点，大力倡导诚信服务理念，宣传推广典型，努力形成诚信服务的社会氛围。

（3）加强理论研究。组织相关研究领域的专家学者和有丰富实践经验的实际工作者开展深入的专题研究，明确劳务品牌的概念、内涵、评定标准等理论和实际问题，为推进劳务品牌建设奠定科学的、系统的理论基础。

（4）在 2011 年 9 月份召开的劳务品牌研讨会上，应重点围绕劳务品牌四个核心要素，开展交流研讨，深入研究劳务品牌理论，形成共识。同时，请与会的企业和地方政府相关部门代表共同发起劳务品牌诚信服务倡议，会后通过新闻媒体进行大力宣传倡导。

全国劳务品牌建设研讨会总结报告

2011 年 9 月

2011 年 9 月 25 至 26 日，以“强化素质，提升质量，科学管理，诚信服务”为主题的全国劳务品牌建设研讨会在湖北省宜昌市成功举办。会议由中国就业促进会主办，湖北省人力资源社会保障厅承办，宜昌市政府协办。中国就业促进会会长张小建出席会议并讲话。湖北省人力资源社会保障厅厅长邵汉生，宜昌市委常委滕刚等有关领导和嘉宾出席开幕式并致辞。有关方面代表共 100 余人参加研讨会。现将有关情况总结报告如下：

一、会议特点

1. 规模较大，参与性强

此次研讨会是继 2007 年全国劳务品牌展会之后，规模最大的一次劳务品牌专题研讨交流活动。全国 20 多个省、市、自治区派员参会，包括了所有的劳动力资源大省。参会代表包括各级人社部门、政府劳务办、妇联等主管劳务品牌工作的负责同志，北京大学、武汉大学的专家学者，劳务企业、中介服务机构、培训机构的负责同志和用人企业代表，会议的参与面广泛。

2. 主题明确，专业性强

会议紧紧围绕劳务品牌建设工作，特别突出了劳务品牌的四大核心要素：素质、质量、管理、服务。会议整体安排重点突出，专业性强。一是专家从劳务经济、品牌研究和信用建设三个不同领域作了理论演讲；二是交流展示了各地劳务品牌建设的成果和经验；三是研究探讨了劳务品牌发展中存在的问题及今后的发展思路。

3. 亮点频出，创新性强

通过大会交流和分组讨论可以看出，近些年来，特别是2007年全国劳务品牌展会以后，各地对劳务品牌工作更加重视，培育发展了很多新品牌，创造了许多好经验，产生了很多新亮点。如有的地区加大资金投入，通过提升劳务人员的技能水平、诚信意识和综合素质，打造过硬品牌；有的地区注重推动劳务品牌的实体化建设，推动企业打造品牌，扶持企业做大做强品牌；还有的地区积极营造劳务品牌文化，举办形式多样的评选表彰和宣传推介活动，不断提高劳务品牌的影响力，等等。

4. 形式多样，服务周到

会议虽然只有两天，但内容丰富，形式多样。既有专家演讲，又有经验介绍；既有互动交流，又有分组讨论；既有倡议活动，又有成果展示。专家演讲观点新颖、内容专业；经验交流层面包括省、市、县，角度涵盖政府和企业，特色鲜明；分组讨论议题明确，氛围热烈；诚信倡议抓住了当前关键问题，意义深刻。现场展示，简约精练，印象深刻。同时，这次会议得到了湖北省人力资源社会保障厅、宜昌市人力资源社会保障局的大力支持与帮助，他们做了大量细致的会务筹备工作，特别是“一对一”的服务模式，受到了与会代表的高度好评。

二、会议主要收获

与会代表认为，这次会议是在“十二五”开局之年，在农村劳动力转移就业工作进入一个新的发展阶段召开的一次非常重要的劳务品牌专题会议。大家普遍感到收获很大，主要有四个方面：

1. 开阔了思路，进一步理解了创建和发展劳务品牌的重要意义

张小建会长的讲话，高屋建瓴，指导性强，阐述了劳务经济产生的背景原因和现实意义，深入分析了“十二五”时期的就业形势，进一步明确了推进劳务品牌建设对促进农村劳动力转移就业的重要作用和意义；会议中，三位专家的演讲，观点鲜明，思想性强，从不同的角度分析了创建劳务品牌、强化诚信服务的重要价值；七个地方的经验介绍，特点突出，创新性强，从实践工作的角度阐述了打造劳务品牌对于推动地方经济发展和实现农民增收的现实意义。这种高屋建瓴的理论分析和鲜活地方经验交流的结合，对于进一步提高认识，强化理念，全面推进劳务品牌建设具有重要的指导意义。

2. 统一了思想，形成了对劳务品牌建设工作的理论共识

通过交流各地劳务品牌创建发展的经验做法和深入研讨，与会代表形成了以下四点共识：

（1）对劳务经济和劳务品牌的认识。大家认为，劳务经济是当前中国社会发展过程中形成的一种特殊的经济现象，劳务品牌是劳务经济发展过程中形成的一种特殊产品。劳务品牌是促进劳务经济发展的核心要素。大力发展劳务经济，推动劳务品牌建设是人社部门在优化配置人力资源方面的一项重要任务。劳务品牌要为农村劳动力的稳定就业、素质就业服务，要为企业用工、产业升级服务，尤其要为缓解当前结构性就业矛盾做出贡献。

（2）对劳务品牌四大核心要素的认识。大家一致认为，无论是哪个地域、哪个行业的劳务品牌，其培育和发展都离不开“素质、质量、管理、服务”这四大核心要素。其中，“强化素质”是劳务品牌长效发展的基础，“提升质量”是劳务品牌建设不断追求的目标，“科学管理”是劳务品牌规范化的保障，“诚信服务”是维持劳务品牌生命力的有效途径。只有抓住了这些核心要素，才能真正实现劳务品牌持续、科学的发展。

（3）对劳务品牌建设主体的认识。大家认为，劳务品牌的建设涉及多个方面，包括政府的引导推动、企业的培育建设和劳动者的积极参与。其中，政府是主导，政府在劳务品牌建设前期的引导推动具有十分重要的作用，政府部门应充分发挥自身职能优势，在制定政策、加大投入、营造氛围、评价激励等方面积极探索，形成劳务品牌建设的机制保障。企业是主体，企业通过提升质量、规范管理、改善服务来培育发展品牌，通过抓“优知、优质、优置”三个途径，让员工拥有更优的知识和素质，拥有更好的职业发展锻炼和职业稳定性，拥有更好的就业机会。因此，劳务品牌要实现长效发展，必须走实体化发展之路，充分利用企业的管理经营优势，发挥企业在培训中的独特作用，通过提升劳动者职业素质，实现人力资本增值，提高劳务品牌质量层次，确保劳务经济良性健康发展。

（4）对劳务品牌诚信服务的理解。诚信服务是劳务品牌生存和发展的核心。没有诚信就没有长久的企业，没有诚信就没有百年的品牌，全社会要共同重视诚信体系建设。我们要通过制度建设、典型引路、认定评选等途径来提升劳务品牌单位和劳务人员的诚信服务水平。

3. 发出了倡议书，旗帜鲜明地倡导诚信服务理念

闭幕式上，来自各地的参会单位发起了“推进劳务品牌建设，提高诚信服务水平”倡议，号召全国从事劳务品牌工作的相关机构认真遵守国家各项法规政策，大力推进劳务品牌建设，牢固树立以用户为本、诚实守信的理念，努力建设良好的劳务品牌文化，不断提高劳务品牌的知名度和凝聚力，用好的品牌影响赢得市场和效益。这对当前社会上普遍存在诚信意识缺失的问题，无疑是打了一剂“强心针”。

4. 明确了思路，找到了工作的切入点

会议进一步统一了大家对劳务品牌四大核心要素的认识，明确了工作重点以及政府部门和企业在劳务品牌建设中各自的地位和作用，强化了劳务品牌诚信服务的迫切性和重要性，为下一步推进劳务品牌建设工作指明了方向，找到了工作抓手。

三、意见建议

会议期间，与会代表结合自身认识和工作实践积极为劳务品牌建设献计献策，提出了许多具有建设性的意见和建议：

1. 劳务品牌的研究与建设不能孤立进行

把劳务品牌这一课题放到当前中国经济和就业发展战略的大背景下进行研究，进一步加强基础性和精细化的专题研究。劳务品牌的建设要做到四个结合，即要与当前经济、就业的发展战略相结合；要与当地人力资源的开发工作相结合；要与当前促进就业的政策措施相结合；要与跨地区劳务的对接工作相结合。要把劳务品牌的研究成果和工作成果真正转化为政府部门的具体政策，要在劳务品牌建设的政策扶持方面有实质性突破。

2. 要尽快建立科学系统的劳务品牌认定体系

今后要视条件在全国、省、市三个层面开展评定和表彰工作，这样才有利于加速劳务品牌的发展，加快提升劳务品牌质量，有利于当地品牌跳出地域限制，扩大影响，取得更好成效；同时，在研究评定标准，设定要素指标时要注重衡量劳务品牌的市场价值和带动就业的作用，形成第三方评审、政府备案的机制，建立一个适应人力资源市场需求的评定体系。

3. 要尽快形成劳务品牌建设的常态化工作机制

中国就业促进会要充分发挥社团组织优势，搭建交流、研讨和展示的平台，形成常态化工作机制，为各地提供更多交流与合作的机会，使各地的自主品牌和国内同类的优秀品牌形成强强联合，如苏绣品牌和蜀绣品牌的合作，帮助部分劳务输出地与输入地实现有效对接等。

4. 要及时出台相关政策措施和标准

随着社会经济的不断发展，产业结构的不断优化升级，新的职业、新的工种不断产生，中国就业促进会应与人力资源社会保障部相关部门加强沟通，请其及时制定出台新职业标准，满足劳动力职业培训、技能鉴定等各项工作需求。

四、下一步工作安排

下一步，拟从以下几方面推进劳务品牌建设工作：

1. 编印劳务品牌建设成果文集

为更好地贯彻本次会议精神，宣传各地品牌创建成果，下一步拟将会议领导讲话、专家发言、经验成果进行汇集整理。同时，发函向各地征集劳务品牌创建成果经验，以及一些劳务品牌理论研究成果，汇编成《全国劳务品牌建设成果文集》。争取2011年年底前编辑成册，发放各地有关部门，供推进工作和开展研究参考。

2. 加大劳务品牌理论研究的力度

2012年拟开展劳务品牌专题理论研究，组织一批劳务品牌相关研究领域的专家和从事劳务品牌实践的工作者，围绕当前劳务品牌建设中的难点重点问题，进一步深化研究，拿出一些有分量的研究成果。

3. 加强劳务品牌建设的宣传和倡导

充分利用《中国就业》杂志、就业工作通讯、中国就业促进会网站三位一体的宣传平台，倡导“诚信服务”理念，营造劳务品牌健康发展的氛围；推广劳务品牌典型经验，发挥典型引路作用，提升劳务品牌的层次和质量；宣传劳务品牌理论研究成果，推动劳务品牌科学发展。

4. 积极探索推进劳务品牌建设工作机制

继续围绕劳务品牌四大核心要素推进工作，每年以一个要素为重点，定期组织开展研讨交流、典型推介和宣传展示活动，形成劳务品牌理论建设的常态化工作机制；同时，在总结工作经验、深化理论研究的基础上，着手研究制定劳务品牌认定评选标准，探索性地开展评选表彰活动试点，并在实践过程中逐步完善评定标准。

《引领劳务经济的“就业名片”——全国劳务品牌建设成果实录》正式出版

2012 年 12 月

为深入贯彻落实“十二五”规划关于多渠道促进农业富余劳动力转移就业，促进农村劳动力平稳有序外出务工的工作精神，进一步推动全国农村劳动力转移就业工作的有效开展，中国就业促进会组织编印了《引领劳务经济的“就业名片”——全国劳务品牌建设成果实录》。

本书主要收录了 2007 年以来，人力资源社会保障部和中国就业促进会联合各地人社部门、人力资源服务机构，围绕劳务品牌建设开展的专题研讨、交流展示成果，以及近几年有关领导的重要讲话、专家研究成果和相关文件资料。同时，还面向全国各地搜集了大量劳务品牌工作经验和典型案例，从各地推荐的 300 余篇劳务品牌建设成果材料中，精选出 100 个典型案例，邀请专家和实践工作者进行剖析和点评。

本书共设讲话篇、研究篇、案例篇三个部分以及重要文件摘编、工作大事记两个附录，以期对各地打造劳务品牌并以此推动农村劳动力转移就业工作有所借鉴和帮助。

推进劳务品牌创新发展研修活动在京举行

2013 年 12 月 11 日

2013 年 12 月 11 日，由世界银行（以下简称世行）组织支持，人力资源社会保障部指导，中国就业促进会和人力资源社会保障部就业促进司共同举办的“推进劳务品牌创新发展研修活动”在京顺利举办。中国就业促进会会长张小建出席会议并讲话。来自全国 20 多个省、市、县人力资源社会保障部门的负责同志，国际劳工组织、世行组织等组织的有关专家学者，部分人力资源服务机构、企业、相关行业代表，以及人力资源社会保障部相关司局负责人等 100 余人参加了活动。

会议围绕推动劳务品牌创新发展、推进人力资源机构精细化服务进行了专题研讨。其间，来自不同劳务领域的人力资源机构代表围绕劳务外包、劳务派遣、人力资源培训、招聘管理一体化服务及移动互联技术应用就业等做了经验介绍，部分劳务品牌管理服务部门和国际国内劳动就业专家针对劳务品牌发展作了案例介绍和专题发言。有关专家学者对品牌介绍做了精彩点评，并围绕推进劳务品牌创新发展的思路和对策进行了深入探讨。世界银行贷款农民工培训与就业项目代表对此次活动和取得的研究成果给予了高度赞赏和充分肯定。

张小建会长在最后的总结讲话中对会议做了高度总结概括，为新形势下做好就业工作，进一步推进劳务品牌创新发展指明了方向：

一是要看到经济在转型。经济发展方式从追求速度转变为追求质量；从追求经济增长转变为“五位一体”（经济建设、政治建设、文化建设、社会建设、生态文明建设）共同发展。

二是要看到就业在转型。促进就业从追求规模数量转变为在保持就业数量的同时，创造更多的好工作、好岗位；在促进就业增长的同时，要大力提高就业质量。

三是要看到劳动者在换代。新生代的大学生和农民工已从体力型劳动转变为体力、智力、技术与技能相结合的综合型劳动，一代新的劳动者正在成长，他们追求更好的工作、追求个人职业生涯的发展。

四是要看到企业在升级。以劳动密集型为主的产业结构正在发生变化，一方面是劳动密集型企业本身正在向高的层次提升；另一方面是技术密集型、智力密集型企业正在发展。同时，在招用工方面，从过去“招之即来、挥之即去”的招用工方式正在转变为重视人力资源建设、管理与服务的用工方式。劳资关系和谐共赢已成为企业发展及人力资源管理的重要议题。

五是人力资源服务业要提高到新的水平。一方面，服务领域要继续扩展与细分；另一方面，服务的具体方式与行为要更加精细化、人性化、专业化、信息化。

六是劳务品牌要实现创新发展。一要创新理念。如，在打造升级版中国现代化产业大军时，要把青年一代大学生、新生代农民工打造成为“经济升级版”做贡献的新的现代化产业大军。二要创新品牌要素。质量、素质、管理、诚信是劳务品牌发展的核心要素，劳务品牌的创新应以质量为核心，以员工、客户和社会的满意度为目标，培养有优秀素质的员工队伍。三要创新机制。特别是在实体化运作方面，要形成一套可持续发展的创新机制。此外，提高劳动者素质不只是提高劳动者的专业技能，更要提高劳动者对技术技能的创新能力与应用能力。同时，在鼓励从业人员对技能本身进行创新与应用外，还必须引导从业人员掌握“通用技能”，如学习能力、沟通能力、信息利用能力、团队精神和敬业精神等。

七是政府决策的调整。一要坚决贯彻十八届三中全会提出的市场在资源配置中起决定作用的要求。政府应当尊重社会中成长出来的新生事物，并加以相应保护。二要制定人力资源服务业和劳务品牌发展的战略。继续贯彻“放开搞活”，特别是要有针对性地制定政策措施。三要通过政府的规范管理和行业的自律来解决劳务品牌发展过程中出现的一些问题。

八是努力发挥好中国就业促进会的作用。一要继续发挥平台作用，为专家、学者、企业家和一线工作者搭建平台，加强沟通交流，共同推动工作水平的提高。二要继续做好行政的参谋助手，为行政决策、战略制定和事业的健康发展出谋划策。三要继续做各地人社部门、人力资源机构、企业和所有服务于就业事业发展部门的“好朋友”，共同打造世界一流的人力资源服务品牌。

典型劳务品牌选树活动

2019年3月，按照人力资源社会保障部关于打赢打好人社扶贫攻坚战的工作要求，为更好地助力就业扶贫工作，中国就业促进会受人力资源社会保障部就业促进司委托，组织开展典型劳务品牌选树工作，展示劳务品牌建设成果，推动各地加快培育劳务品牌。

为做好选树工作，中国就业促进会成立了项目组，在广泛听取部内有关司局、有关专家和地方人社部门意见的基础上，研究制定了典型劳务品牌推荐条件和典型劳务品牌推荐基准，围绕“技能、质量、管理、诚信”四个方面，设计了18项评估指标，特别是将劳务品牌吸纳就业能力、转移劳动力情况和扶贫的成果作为典型劳务品牌推选依据。并分别赴四川、贵州、浙江、江西等地开展调研，深入了解地方劳务品牌发展现状和农村劳动力转移就业、就业扶贫等情况，围绕加强劳务品牌建设进行研讨交流，听取地方同志的意见建议，修改完善典型劳务品牌选树基准，为选树评价工作提供依据，也为劳务品牌长远发展提供导向。在此基础上，项目组专家依据典型劳务品牌推荐条件和推荐基准，对地方上报的劳务品牌进行了认真评审，推选出了34个典型劳务品牌。同时，考虑鼓励和支持各地在劳务品牌培育建设中的发展创新，还推选出了6个创新品牌，共计40个典型品牌。专家为每个典型品牌撰写了评语。

2019年5月，在人力资源社会保障部举办的全国创业就业服务展示交流活动中，对贫困地区的典型劳务品牌进行了集中展示，助力脱贫攻坚。中国就业促进会组织召开劳务品牌工作交流会，总结经验，分享成果，在部内、会内有关媒体开展集中宣传，组织编写出版《典型劳务品牌风采录》一书，通过典型引路，促进农村劳动力转移就业向深层次高质量发展。

劳务品牌征集活动

2021 年 3 月，受人力资源社会保障部就业促进司委托，中国就业促进会组织开展了劳务品牌征集活动。此项活动旨在贯彻落实中共中央办公厅、国务院办公厅《关于加快推进乡村人才振兴的意见》，加快培育劳务品牌，助力乡村振兴。

按照人力资源社会保障部就业促进司《关于开展劳务品牌调研和推荐特色劳务品牌的通知》的要求，中国就业促进会面向各地人社部门征集特色劳务品牌。在各地的大力支持和积极参与下，截止到征集日期，共收到各地人社部门推荐的劳务品牌 107 个。中国就业促进会组织专家依据 2019 年组织典型劳务品牌选树时，制定的典型劳务品牌推荐条件和典型劳务品牌推荐基准，对各地上报的品牌进行了认真评审，推选出 60 个典型劳务品牌，并由专家分别为 60 个品牌撰写了评语。在此基础上，将新推选出的 60 个品牌和 2019 年选树的 40 个品牌，共计 100 个品牌，进行了分类推荐，推出了就业带动类品牌 27 个、行业引领类品牌 25 个、地方特色类品牌 25 个、创新发展类品牌 23 个。

2021 年 10 月，在第三届全国创业就业服务展示交流活动中，对 100 个劳务品牌进行了集中展示；人民日报、中国劳动保障报、中国就业促进会公众号等部内外有关媒体进行了专题报道；人力资源社会保障部就业促进司、中国就业培训指导中心、中国就业促进会共同组织编写出版了《百家劳务品牌名录》，宣传各地劳务品牌建设经验亮点、特色成效，为提升劳务品牌的知名度和社会影响力，激发各类市场主体参与劳务品牌建设的积极性，营造关注支持劳务品牌的良好社会氛围，推进有组织劳务输出发挥了积极的作用。

风采展现

海南儋州打造月嫂品牌　助妇女走上致富路
——做儋州月嫂，拿过万月薪

中国劳动保障报记者　邢泽宇　通讯员　陈国荣

月嫂朱秀玲习惯性地把手机调至静音模式，避免打扰宝宝。在未经“儋州月嫂”培训之前，她就已从事家政服务行业了。回想起初入行时的第一个订单，朱秀玲有些感慨：“刚开始缺少经验，只有2000多元的月工资，还要往家里寄钱，生活过得紧巴巴。”

2018年，经过海南省儋州市“儋州月嫂”培训，朱秀玲的接单收入翻了番，每单达6000元。

如今，“儋州月嫂”劳务品牌已成为儋州妇女眼中的就业名片。3年来，像朱秀玲一样，在儋州市成为月嫂的中青年妇女已有几千人，她们的足迹遍布京、津、沪等地，而“儋州月嫂”劳务品牌也在市场考验中成为了一块令客户满意、放心的金字招牌。

一、紧跟市场需求，完善政策体系

劳务品牌是劳务输出质量、劳动者技能水平、劳务收入等方面的重要保障。

谈起月嫂服务，备孕中的李慧女士说，这项服务实在是越来越重要了。“父母年纪大了，我自己又没有育婴经验。想省心放心，就得找个专业的月嫂。”李慧说。

近年来，随着居民消费水平的提高，家政服务的价值不断凸显。面对母婴家政服务需求井喷式上涨，以及对专业人员技能水平要求较高、对文化水平要求相对不高的特点，2018 年，儋州市结合当地农村妇女就业情况，充分挖掘儋州妇女勤劳朴素、善良能干的劳动潜能，通过培训、就业一条龙服务，打造“儋州月嫂”劳务品牌，引导中青年妇女转移就业增收。

培训、就业只是打造“儋州月嫂”劳务品牌的第一步。

2019 年 5 月，“儋州月嫂”海口服务站成立。该服务站帮助“儋州月嫂”实现了技能有提升、就业有保障、生活有归属、用工有维权。同年，儋州投入 1919 万元建设了占地 6700 平方米的海南西部家庭服务中心。通过标准化、规范化、信息化建设，推动“儋州月嫂”劳务品牌发展，带动家政服务业发展。2020 年，又出台打造“儋州月嫂”劳务品牌的系列扶持措施。

如今，“儋州月嫂”劳务品牌已具备较为完善的政策支持和服务保障体系，并荣获“人社扶贫助力全面建成小康社会优秀成果奖”“全国就业服务优秀项目奖”等多项荣誉，得到社会各界的广泛认可。

二、创新工作方式，转变就业观念

成为一名育婴员，王晓琼感觉很有获得感。从前，靠种田和割胶为生的她从未想过外出就业。2018 年，国外橡胶需求量有所减少，王晓琼和一些儋州当地的农村妇女赋闲在家。在儋州人社部门的宣传介绍下，王晓琼接受了专业的月嫂培训并考取了职业资格证书。同年 6 月，王晓琼作为第一批“儋州月嫂”，赴京实习就业。

“从事月嫂行业，照顾产妇和新生儿，收入很不错，更让我感受到了自己的价值。”王晓琼说。

儋州市地处海南岛西部，人口达105万人，大部分生活在农村，其中中青年妇女比例较高，这部分群众文化水平较低，就业观念也较为落后。

“以前，很多儋州农村妇女常年在家务农，对外出务工存在一定疑虑，怕受骗，也怕被人看不起。”儋州待君产后护理院院长魏君旎说。

对此，儋州市人力资源社会保障局大力开展家政服务暨转移就业宣讲活动，帮助当地妇女提升就业热情，转变就业观念。儋州加强政企合作，邀请家政服务专家和本地金牌月嫂担任讲师，以家政服务行业的薪资待遇、工作环境等优势，引导当地妇女树立正确的就业观念。2018年以来，儋州市深入开展家政服务宣讲活动22场，覆盖全市16个镇及周边农场。

就业观念有了转变，但大多农村妇女家有农活且居住分散，不能保证参加培训的时间。对此，儋州市人社部门主动配合群众，转变技能培训模式，把家政培训班办到群众家门口，把培训时间由白天改到晚上，让群众务工、培训两不误。

三、强化技能培训，带动就业增收

走进海南西部家庭服务中心，大楼里“做儋州月嫂，拿过万月薪”的宣传牌格外醒目。

“月嫂是母婴护理师的俗称，集保姆、护士、厨师、保洁员等工作于一身，主要为产妇和新生儿提供专业护理。”海南西部家庭服务中心副主任占雅兰说，月嫂岗位分为初、中、高三个等级，等级越高，技能也越丰富。在儋州，初级培训由政府兜底，并提供实习机会，让学员在培训后就能顺利上岗。

“儋州月嫂”高玉琼还清楚地记得，2019年，在接受培训并考取资格证书后，初入月嫂行业的她接的第一个月嫂单工资就高达1万元。如今，她很珍惜这份工作。“以前靠打零工为生，挣钱没有门路。现在依靠劳务品牌就业，我的技能水平提高了，客户评价更好了，订单越来越多，收入也水涨船高。”高玉琼说。

“在实践中，技能培训关乎劳动者综合素质的高低，是我们打造劳务品牌的关键因素。”儋州市人力资源社会保障局党委委员、市就业服务中心主任许剑勇说。

近年来，儋州不断加强劳动者技能培训，让更多“儋州月嫂”有能力出去闯。儋州市人社部门不断优化培训课程结构，邀请专家、金牌月嫂进行理论知识讲解，解读服务案例，组织实际模拟操练；统一组织职业资格鉴定考试，向考核合格的学员发放证书；联合全市各大医院，在医院的妇产科设立月子中心，帮助参加培训并考核合格的学员就近就地实习，夯实技能基础。

2018年以来，儋州市共培训育婴员、母婴护理师、小儿推拿师、催乳师、产后康复师、早教师等6300余人次。

在儋州，劳务品牌是就业名片，更是一种质量认证。如今，勤劳淳朴、善良率真、技能过硬的“儋州月嫂”深受市场青睐，真正完成了由单纯劳务输出向品牌劳务输出的转变，让更多儋州妇女走上了致富路、幸福路。

（文章来源：中国劳动保障报农民工专版，2021年9月24日）

架起就业“彩虹桥” 拓宽产业发展路
——记河南“平舆防水”劳务品牌建设工作

中国劳动保障报记者 杨勤 通讯员 窦萌 张亮

在河南，提起做防水，几乎人人都会想到平舆——一个豫东南有着“中国建设工程防水之乡”美誉的地方。

“俗话说，竹篮打水一场空。不过，只要防水做得好，竹篮打水不但不会空，还能养金鱼。”一句话道出了从业者的底气。

自信和盛誉的背后，离不开多年来“平舆防水”劳务品牌的培育和壮大。

一、手拎沥青壶，打工闯天下

平舆县是传统农业大县，也曾是经济落后县。二十世纪五六十年代，平舆人开始尝试用沥青对粮仓、粮库做防水防潮处理，以解决粮仓、粮库雨天进水、潮湿导致粮食霉变的问题，这成了建筑防水施工的雏形。

改革开放后，平舆第一代防水人卷上铺盖卷、拎起沥青壶，投身到外出打工的人潮中。“那时还没有防水工的说法，都叫‘搞沥青的’。”从业 30 余年的高永华告诉记者，从 17 岁开始，他便跟着村里的防水师傅走南闯北，以此谋生。

烟熏火烤，早期做防水又脏又累，依靠这份常人不愿干的工作，平舆人获得了远高于种地所能得到的收入。在乡邻亲友的带动下，更多青壮年加入这行，“平舆防水”队伍越来越壮大。

“当时，‘平舆防水’逐步在省内外叫响，但专业化程度不高，务工人员的技术水平参差不齐。”平舆县人社部门负责人陈国占介绍。1999 年，该县县委、县政府因势利导，正式建立了平舆县建设工程防水产业协会，并将“平舆防水”作为重点打造的劳务品牌，依托品牌着力发展防水防潮产业，利用产业发展进一步带动农村劳动力转移就业。

二、产业大会带动，技能大赛引领

2015 年，平舆县成立了由县长任组长的建筑防水产业发展工作领导小组，县处级干部任防水产业发展办公室主任；县政府相继出台了一系列优惠政策，为防水产业发展提供政策保障、资金扶持和相关服务，进一步做大做强“平舆防水”劳务品牌。

职业技能是防水工的看家本领，该县聚焦技能素质提升，整合培训资源，依托全民技能振兴工程，大力实施建筑防水产业工人技能培训，在北京、上海、天津等全国 100 多个城市开展防水技能提升培训 3.6 万人。此外，还组织各定点培训机构到乡村开设短期防水培训班。

“作为全民技能振兴定点培训机构，我们依托县、乡、村三级就业服务平台的组织优势，收集当地群众技能培训需求，开展防水工基础理论知识培训和实操培训，学员通过考试后持证上岗。”平舆县炎黄职业培训学校校长苏飞表示，近两年，仅该校就培训了近 7000 人。同时，该校还与河南蓝翎环科防水材料有限公司联合打造了防水产教融合培训基地，为培训学员提供“培训+技能评价+就业”一体化服务。

41 岁的马高洁从业多年，防水材料和技术的不断进步让他深感培训的重要性。“学习了 SBS 防水材料的使用和施工技术，对工作和参赛帮助很大!”马高洁说，在 2019 年和 2020 年的全国建筑防水职业技能竞赛总决赛中，他分别荣获亚军和季军。最近，他正在为国赛做准备。

以产业大会和技能大赛带动劳务品牌建设，是平舆县的重要探索。据介绍，该县已连续举办 15 届平舆县建筑防水产业大会、6 届建筑防水职业技能竞赛，并参与组织全国防水技能大赛。众多技术能手在比赛中脱颖而出。2018 年，该县选手高永华在全国建筑防水职业技能竞赛总决赛中荣获总冠军。该县还依托县建筑防水协会，在全国 9 大省会城市设立办事处和分公司，目前已达 150 家，让“平舆防水”劳务品牌走向全国。同时，该县积极指导外地协会和分公司加强党建工作，成立了 93 个党支部，充分发挥党支部政治优势和组织优势、务工党员先锋模范作用，为防水企业发展增力赋能。

目前，平舆县建筑工程防水从业人员已达 25 万人，占全县就业人口的 37%以上。建筑防水产业成为该县农民转移就业的主要行业，年实现直接劳务收入 170 亿元以上。

三、品牌引领发展，壮大防水产业

2007 年，“平舆防水”荣获“河南省优秀劳务品牌”。劳务品牌的壮大发展，为当地农民架起了高质量就业“彩虹桥”。该县立足长远发展，依托品牌辐射效应，创新驱动全链条业务拓展，进一步打造集防水材料研发、设计、生产、施工等于一体的行业矩阵。

“全县规划建设了3.5平方千米的建筑防水产业园，投资1000万元建设了平舆防水大厦，免费为回迁的建筑防水企业提供办公场地，成功促成回迁企业30余家，创税1.2亿元。”陈国占表示，当地还建立了专家智库、院士工作站和多个项目基地。

李宏伟是返乡创业的企业家之一。2017年，他投资的河南蓝翎环科防水材料有限公司在平舆建筑防水产业园落地生根。“企业共有员工260人，直接带动防水行业就业近3000人。”李宏伟说，目前防水行业市场需求旺盛，人才供不应求，防水工的平均日薪在400元左右。

此外，平舆县还大力发展“互联网+防水”，建立了全国最大的防水人力资源大数据库——“E族防水网”，提供找人、找材料、找资金、找资质“四找”服务，进一步提升劳务品牌的影响力和竞争力。

特色劳务品牌建设，让“平舆防水”实现了从“泥腿子”施工到标准化施工、从技艺传承到专业培训的逐步演变。近年来，河南大力支持返乡创业，推动劳务品牌转型升级，平舆县的河南奥远玉海新型建材防水有限公司、河南省天地源防水防腐科技有限公司，先后被评为2018年、2020年河南省农民工返乡创业示范项目，河南蓝翎环科防水材料有限公司被评为2019年返乡下乡创业助力脱贫攻坚优秀项目。接下来，当地政府还将着力把平舆打造成为全国防水施工企业总部基地、防水材料生产总部基地、防水培训总部基地、防水科研创新基地，不断提升“平舆防水”劳务品牌知名度，助力经济高质量跨越式发展。

（文章来源：中国劳动保障报农民工专版，2021年10月29日）

云南鹤庆县打造“鹤庆银匠”特色劳务品牌
——技艺“敲”出致富路

中国劳动保障报记者　王宝杰　通讯员　桂寅

云南省鹤庆县是茶马古道上的文化重镇，素有“民间工艺之乡”和“银都水乡”的美誉，鹤庆的银器手工艺加工已有一千多年的历史。近年来，该县相继出现了一批又一批民间工艺美术大师，他们加工的产品远销国内各省市及海外，受到广泛欢迎。

“我们通过基地培育、协会建设、工艺美术大师培养和非遗项目申报等方式，打造了‘鹤庆银匠’特色劳务品牌，走出了一条市场化运作、一体化服务、规模化输出的劳务品牌新路子，一个集劳动密集型和传统手工艺为一体的劳务品牌逐渐形成并日趋完善。”鹤庆县人社局局长张四林说。

“鹤庆银匠”特色劳务品牌的建立，整体上增强了鹤庆对外劳务输出的市场竞争力，增加了外出务工人员的经营性收入和工资性收入，对吸纳就业、带动就业、助推乡村振兴起到了重要作用。目前，全县从事民族银手工艺品加工的有1500多户，直接从业人员5600余人，间接带动从业9000多人，年加工银毛料300多吨，银器业年销售额26亿元。

一、拓展劳务品牌的内涵外延

鹤庆县草海镇新华村原名石寨子。就在这个白族村寨里，在小锤的敲打声中走出了一位被联合国教科文组织授予“民间工艺美术大师”的杰出人才——寸发标。

多年前，寸发标返乡创办了鹤庆县标祥九龙手工艺品加工厂。建厂之后，他充分利用自己多年所学，在吸收各少数民族文化的基础上，创新加工技艺，集各民族文化之所长，设计制作了众多款式的民族文化工艺首饰，得到了顾客的青睐。寸发标凭着精湛的银器制作手艺先后荣获“大理州农村乡土拔尖人才”“兴滇技能人才”等荣誉称号。

在寸发标的积极带动下，一些在外闯荡的民间艺人纷纷回到村里，共同研究新工艺。过去走村串寨的小银匠，如今成了勤劳致富的带头人。手工业的迅速发展使得新华村成为了鹤庆县第一个州级小康示范村和省级文明示范村。

新华村的发展变化，带动周围的村寨兴起了学习银器加工制作技术的浪潮。

近年来，鹤庆县以市场为导向、美术工艺为基础，打造并形成了寸银匠、热达银器、千锤佳艺等驰名商标，成就了寸发标、张金成、寸彦同、董中豪等一批民间工艺美术大师，并迅速产生辐射效应。在这些大师的典型示范带动下，出现了家族传承、以师带徒、民间工艺快速发展的喜人局面，使“鹤庆银匠”在品牌创建中储备了人才，积蓄了发展能量。

“我们充分利用广播电视、报刊、微博、微信等媒介，对外宣传推介鹤庆银器锻造技艺，大力营造良好舆论氛围，使‘鹤庆银匠’劳务品牌建设工作家喻户晓。”鹤庆县人社局副局长王若川说。

鹤庆县积极树立品牌代言人、务工人员楷模，总结提炼出“勤劳实干、技术熟练、爱岗敬业、高效诚信”的劳务品牌精神内涵，认真做好典型事例和人物代表的总结归类、发布推介工作，树立一批拿得出、叫得响的劳务品牌，劳务品牌的内涵、外延进一步得以明确和拓展。

二、筑牢技艺培训的坚实平台

生长于鹤庆县大赤铺村的李文彬从小就热爱银器锻制技艺。

2009 年，李文彬返乡创办文彬工坊，并向乡亲传授银器锻制技艺。如今，文彬工坊发展成为了多所高校民间传统手工艺文化实践培训基地，直接带徒 120 名，间接带徒 800 多名。

“工坊在传承传统技艺的同时，帮助很多人通过双手改变了自己和家庭的命运，我觉得这是非常有意义的。未来，我将进一步扩大工坊的规模，让银器锻制技艺继续发展下去，带动更多老乡就业增收。”李文彬说。

据了解，鹤庆县将劳务品牌建设与培训工种确定、劳动者需求、企业需求有效对接，增强培训的针对性和实效性，提高务工人员的技能水平和整体素质，促进转移就业。该县充分利用本地现有的培训资源，结合市场需求，引领培训机构以劳务品牌为统领，不断提升务工人员的工匠精神。

鹤庆县劳动就业服务局局长陈冬平说，该县将许多企业打造成了劳务品牌培训基地和转移就业示范基地，鼓励务工人员从日常中学，从工作中学，从敲敲打打中学，坚持培训在日常，实操在日常。

在创建劳务品牌的过程中，鹤庆县择优认定了一批培训质量高、就业效果明显的培训机构，建立了多工种、广覆盖的品牌培训基地，通过送训上门、校企联训、典型示范等方式，提升培训的质量和水平。通过宣传技能就业故事、及时制定劳务品牌行业技术标准和诚信准则等，提高劳务品牌的职业技术含量。对于一些有市场需求、有市场影响力的品牌，进行复制推广。

同时，鹤庆县把非物质文化遗产的保护、传承与“鹤庆银匠”紧密联系起来，积极扶持民间大师，引导务工人员树立打造品牌的意识，对从事品牌务工并有一定知名度的从业人员进行多渠道、立体式宣传，让更多群众参与到“鹤庆银匠”品牌创建中。

三、打造劳动力转移的靓丽名片

随着“鹤庆银匠”劳务品牌的持续打造，鹤庆县转移到州外、省外务工的银铜器加工艺人越来越多，仅在拉萨务工的就有2400多人。

2017年，鹤庆县设立了驻西藏、云南丽江等6个驻外人力资源服务工作站，有针对性地与用工单位建立长期稳定的劳务合作关系，积极建设务工基地，广泛收集劳动用工、技能培训、工资指导价等信息，为劳务品牌从业人员和用工企业搭建交流平台，实现定点、定向精准输出，为劳务品牌的发展创造条件。同时，以集中在外地务工的鹤庆籍人员和从业企业为依托，积极开展务工联谊会等民间协会建设，不断壮大劳务品牌的影响力。

“我们把‘鹤庆银匠’作为农村劳动力转移的一张‘靓丽名片’来打造，部门协同、综合施策，充分发挥劳务品牌对吸纳就业、带动就业的作用。‘鹤庆银匠’对全县经济社会发展做出了积极贡献。”王若川说。

近年来，鹤庆县多措并举，提供“宣传、组织、培训、就业、维权”一条龙服务，解决务工人员的工资收入、劳动关系、社会保险等关系切身利益的问题，通过提供小额担保贷款，为子女提供平等就学条件等措施，解除劳务品牌从业人员的后顾之忧，促进更多劳动者实现高质量就业。

（文章来源：中国劳动保障报农民工专版，2021 年 9 月 17 日）

一把小吉他　山区大产业
——贵州“正安吉他工匠”劳务品牌发展之路

中国劳动保障报记者　游翀

贵州省遵义市正安县是全球最大的吉他制造基地，年产值60亿元，吉他出口总量占全国吉他出口总量的一半份额。

在正安，制作一把箱体光亮、声音悦耳的吉他被分解成200多道工序，近万名“正安吉他工匠”践行工匠精神，每年生产600万把吉他。“如此质量上乘的吉他，由贵州大山深处的农民工制作，这是一个令人惊叹的奇迹。”正安县人社局局长韩世旺说，“恰恰是吃苦耐劳的‘正安吉他工匠’，才能制作出如此做工精细的吉他产品。”

一、五年建成“世界吉他工厂”

正安县地处黔北，与重庆接壤。作为一个山区农业大县，正安以往经济增速缓慢。1987年，正安县“300娘子军”南下广东，开启了贵州有组织向沿海地区输出劳务的破冰之旅。近年来，正安县常年在外务工23.2万人，其中6.5万名在外务工人员从事吉他生产、销售。

2012年，正安县实施筑巢引凤工程和返乡创业行动，打造正安国际吉他园，出台扶持政策，吸引在外务工人员返乡就业创业。正安农民工郑传玖，将在广州创办的神曲乐器制造有限公司搬迁回正安，成为了正安吉他产业返乡创业第一人。“最难舍的是家乡，我想回家带动乡亲一起致富。”郑传玖回忆当初的创举，动情地说。

2013 年之前，正安作为深度贫困县，几乎没有任何工业。郑传玖这家吉他企业，成为了正安吉他产业发展的第一颗种子，实现了该县吉他产业的从无到有。

在优惠政策和“商带商”的影响下，36 家福建、广东等地的吉他生产企业纷纷将生产线转移至正安。数据显示，2015 年，正安国际吉他园产销吉他达到 150 万把；2017 年，产量突破 500 万把；2018 年起，每年产量 600 万把以上。

“2013 至 2018 年，仅用 5 年时间，正安县就成为了‘世界吉他工厂’。目前，正安国际吉他园带动就业 1.5 万人，其中脱贫人口 1374 人。”韩世旺说。

二、技能培训让农民变工匠

“倒角的角度必须一致，倒角后注意修整品丝端口，不能刺手……”

今年 8 月 17 日，在正安县中等职业学校乐器修造实训室，吉他制作专业教师冯亭耐心指导学员制作吉他。

据介绍，正安县中等职业学校是全国第一家开设吉他制作专业的学校，拥有 4 名专职教师，还聘请了 14 位园区企业吉他技能大师任兼职教师。

“开设吉他制作专业，主要是为吉他产业发展培养设计、制作、销售、管理等专业技能人才，并输送到正安吉他工业园区就业。”冯亭介绍说。

“在正安，很多脱贫户走进工厂，成为了‘正安吉他工匠’，月收入五六千元，用自己的双手实现了增收致富。”正安县就业局职业能力建设工作负责人陈坤华说。

目前，正安县人社部门大力实施吉他文化产业人才培训工程，不断加强吉他产业专业技术人员继续教育，支持企业加强吉他制造技能培训，有效提升吉他从业人员业务技能和专业技术水平。

“截至2020年7月底，正安县申报吉他大师工作室12间，均由遵义市人社局命名，为吉他产业健康持续发展提供了人才支撑。”陈坤华表示，“通过多种形式，人社部门与社会培训机构、中等职业学校、技工学校加强合作，培养了一大批吉他制作人才。”

“‘正安吉他工匠’精心制作每把吉他，面对出现瑕疵的吉他，工匠采取零容忍态度对其进行销毁，绝不让一把不合格的吉他流入市场。”韩世旺说，“正是这样一种近乎苛求的态度，才让正安吉他赢得了全世界吉他爱好者的青睐，正安吉他才能够走出国门、走向世界。”

三、无微不至的“保姆式”服务

在回家乡办厂之前，魏友兵积累了25年吉他制作经验，在广州一家吉他厂从普通工人做到了总经理，管理着几千名员工。

“吉他制作属于劳动密集型产业，即便在工业制造技术发达的今天，一把吉他的制作，70%还是要靠手工来完成。”魏友兵说，在正安县确立大力发展吉他产业的政策方向后，他便把自己创办的吉他厂迁回家乡，解决了几百人的就业问题。

依靠“正安吉他工匠”这一劳务品牌，正安这个山区农业县实现了大产业、大帮扶、大带动。

陈坤华说，“2020 年，正安吉他文化产业园也成为了脱贫攻坚的重要阵地，当年吸纳就业近 1.5 万人，上下游产业链带动 10 万人‘吃上吉他饭’。”

目前，正安县创新推出吉他胴部制作、涂装制作、研磨制作、装配制作、颈部制作 5 个吉他制作专项能力培训项目。“未来五年，正安的发展目标是，吉他出口量占全国吉他出口总量的 40% 以上，培育 10 万名吉他爱好者，助力乡村振兴。”陈坤华说。

引来一个企业，聚集一个产业。正安县实行“保姆式”服务，一期投资 12 亿元打造正安国际吉他园，建成占地 300 亩、建筑面积 60 万平方米的标准厂房，出台三年免税收、十年免房租的优惠政策，让“正安吉他工匠”能扎得下根、发展得好。

同时，正安县实施企业帮扶奖励措施，正安国际吉他园入驻企业每吸纳一名脱贫人员，则奖励企业 2000 元，对脱贫人员每月给予 200 元额外补助。此外，正安县财政部门每年统筹安排 1000 万元作为吉他产业专项发展资金，对符合条件的吉他企业给予工匠培训补助。

今年以来，来自全国各地的订单飞向正安国际吉他园，紧缺吉他工匠 1500 名以上。“目前，正安县正积极探索工学结合的人才培养机制，实施订单培养、共建基地、教学工厂、短期培训、产学研结合等校企合作模式，让每一名‘正安吉他工匠’都拥有精湛的技术，为蓬勃发展的吉他产业提供充足的人力资源。”韩世旺说。

（文章来源：中国劳动保障报农民工专版，2021 年 10 月 22 日）

打造“温江花工”就业新名片

中国劳动保障报记者　杨勤　通讯员　易飞

温江，地处天府之国四川的腹地，是中国花木之乡，全国四大花木产业基地。4000 多年前，古蜀鱼凫王国在此建都，遍植柳树为国界，开启了温江种植花木的历史。自此，一代代“守艺人”与花木为伍，传承匠心，促进行业创新发展。

近年来，当地政府部门紧抓机遇，培育壮大花木产业，打造“温江花工”劳务品牌，带动农村劳动者就业增收，千年孕育的花木之乡迸发出新的活力。

一、政策引领，推动花木产业蓬勃发展

2005 年，第六届中国花卉博览会在温江举办，这不仅让温江花木产业获得了国内外的关注，也为“温江花工”劳务品牌塑造带来了良好契机。

基于这一产业优势，温江区紧紧围绕乡村振兴战略规划，在统筹城乡发展、全面推进城乡一体化中，提出建设中国西部花木生产、研发、销售“三中心”的战略构想。

在政策引领下，温江区聚集了 412 家园林绿化企业、4000 多个园艺场，年产值 5000 万元以上的花木企业有 20 多家，花农 2 万

余户，花木品种1300多类。全区花木种植面积17.3万亩，花木在地资产超200亿元，花木产业从业人员达10万余人。2020年，全区花木年销售额达22.1亿元。

“产业发展快，花木销路好，花农收获丰，乡村变景区，宜业又宜居。在扶持重点企业、落实政策保障、加强区域合作的同时，最根本的就是培育花工人才，树立温江标准，擦亮‘温江花工’品牌。”该区人社局技能培训相关负责人说。

为此，温江区人社局系统研究温江北部镇街花木产业规划，紧跟区域经济发展需求，有效整合各类资源，加大花农培训力度，着力打造“温江花工”劳务品牌，为做大做强温江花木产业提供人才保障。

二、培育人才，促进技能收入双提升

“打造‘温江花工’劳务品牌，既有一定的基础条件，又是新发展理念下的新课题。”温江区人社局局长唐景明表示，当地多措并举推进该项工作。

温江区聚焦技能培训，人社部门确立了园林植物编织造型专项职业能力标准。同时，以园艺大师引领青年才俊，依托盆景班、大讲堂等形式，构建起全面多元的“温江花工”职业能力培训与认证体系。

针对从业人员的分工和特点，当地开展了多层次培训。一方面，开展以花木栽培管理技术、法律法规、市场行情分析等为主的全面培训，使受训花农至少掌握1项实用技术；另一方面，开展以提高花木栽培管理和园林施工等综合技能为主的重点培训，促进花农由体力型向技术型、管理型转变，引导花农向花工转变。

“农户们参加技能培训的积极性很高，500余人参加了学院的园林绿化工、花卉园艺工培训，有42人获得了园林植物编织造型专项能力证书。”成都农业科技职业学院继续教育学院科研与社会服务处副处长郑光树说。

目前，全区“温江花工”培训人数达4.95万人，4000多人取得专业技术岗位证书，初步形成了初、中、高三级梯队人才队伍。通过培训，农村富余劳动力顺利走上花木种植销售岗位，实现长期稳定就业。据统计，2020年花木产业为全区农民人均增收189元，实现人均年收入1.2万元。

温江区天星编艺花木合作社理事长刘纪东感触很深，“我是‘苗二代’，以前种植花木，缺技术，品种单一，收益少。现在可不一样了，许多农户参加了培训，种植销售花木的人多了，技术提高了，品种丰富了，信息更畅通了。合作社有农户102户，一年下来，种得多的能挣100多万元，至少也有10万元收入。”

“温江花工”队伍日益壮大，也带动了更多人创业。2018年，返乡创业者陈宏宇在当地创立了川派盆景游学基地，不仅销售盆景、培训学员，还推广园艺文化。创业以来，其公司累计销售额达到2000余万元，带动200余名农村劳动力增收致富。

三、整合资源，增强“温江花工”内生动力

近年来，温江区有效整合多方资源，以“温江标准”引领行业方向，不断增强品牌的内生动力。

据介绍，近两年，温江区人社部门对全区100余户大型花木公司进行了摸底调查，在寿安镇举办花木经营专业户座谈会，摸准花木行业重点企业管理者的技能水平和培训需求。同时，邀请四川农

业大学、成都农业科技职业学院多名专业教授开展技能等级评价标准研发和针对性培训，切实提高产业重点企业的“头雁效应”，激发行业活力，助推产业提质升级。

“全区形成了定期回访制度，了解花工和创业者在生产销售方面的疑难问题。同时，对已就业花工和花木经营户在政策上进行支持和倾斜，铺设就业创业‘绿色通道’。”唐景明表示，政府出台政策，为符合条件的花木企业提供小额担保贷款和社保补贴，既提高了培训对象的创业就业成功率，也有力推动了农村富余劳动力向第三产业转移。

此外，当地人社部门还依托对外开展的园艺绿化工程，有序输出高质量、高技能、高水平的“温江花工”；加强成渝双城经济圈、成德眉资区域合作，多方联动共建营商环境，促进人才流通，通过温江花木商务网、中国花木交易网等平台把更多“温江花工”推荐到全国各地。

“现在，‘温江花工’成了就业新名片，本地花工的日工资 400 元至 2000 元不等，到外地工资更高！”成都三邑园艺绿化工程有限责任公司工作人员李盈盈告诉记者，随着“温江花工”知名度日益提升，很多年轻人慕名而来，到温江拜师学艺。

（文章来源：中国劳动保障报农民工专版，2021 年 11 月 12 日）

一榫一卯见匠心　一木一梁传千年
——永靖打造古典建筑大师摇篮

中国劳动保障报记者　赵文

“九五分六”“寸三二寸三陆，棱在面前”“五九顶九五，八五两边分”“雕刻龙、嘴张破、身拱破、爪捏破”……这些古典建筑口诀虽然没有文字记载，但凭着“白塔木匠”的口口相传，古典建筑工艺在飞檐斗拱间得以传承至今。

在甘肃省永靖县白塔寺川，“白塔木匠赛鲁班”的说法广为流传。传说鲁班在永靖县炳灵寺开凿石窟功成后，东去途中不慎将斧子丢于黄河岸边的白塔寺川，从此，这里不仅家家出能工巧匠，更是将建筑营造技艺以家族形式代代相传。他们修造的古典建筑大到宫殿庙堂、寺院道观，小至亭台楼阁、村寨民居，闻名西北。特别是改革开放以来，一大批“白塔木匠”补建、重建了敦煌大佛阁、月牙泉月牙阁，仁寿山古典建筑群，白塔山文溯阁，天水伏羲庙、先天殿等古典建筑。

近年来，永靖县依托“白塔木匠”创建了“永靖古典建筑工”劳务品牌，对当地劳动力就业增收起到了重要作用。

一、从“白塔木匠”到“永靖古典建筑工”

据了解，“白塔木匠”是对从事建筑行业的“大木匠”和从事家具行业的“细木匠”的统称，只有二者精通，方为“白塔木匠”。“白塔木匠”在精于营造中原、藏式、回式建筑的基础上，设计出了藏汉结合、回汉结合的古典建筑。永靖县“白塔木匠”有据可查的家传谱系有 32 家、师传谱系超过 200 家。

近年来，一直被称为“白塔木匠”的“永靖古典建筑工”逐步成功升级转型为当地的知名劳务品牌。2014 年 11 月，永靖白塔古建筑修复技艺入选国家级非物质文化遗产名录。随着“永靖古典建筑工”劳务品牌的培育和发展，古建筑艺术有了自己的传承人，省级代表性传承人有胥恒通、胥元明、朱良环等 12 人。

其中，被尊称为“掌尺”的胥元明是永靖县三塬镇胥家塬村“胥氏建筑”的第七代传人，同时也是“中国古建筑保护工匠名师”和国家级非遗传承人，他不仅被教育部和文化部聘为北京建筑大学研修研习培训授课专家，而且还长期对“永靖古典建筑工”的技艺传承进行培训，对促进城乡劳动力高质量就业起到了重要作用。

“过去，由于‘白塔木匠’技艺传承多靠师父带徒弟的传统形式，很多木匠文化知识掌握水平较低，只能采取‘歌唱口诀’的方式延续技艺传统。为了不让技艺流失，我们借助‘白塔木匠’这一传统名号在家乡创建了‘永靖古典建筑工’劳务品牌和木材加工雕刻传承基地，通过文字和实物整理归类相关历史材料和技艺资料，让有意愿从事木材加工雕刻行业的劳动者掌握技能，培养出更多的技艺传承人。”谈起从“白塔木匠”到“永靖古典建筑工”的发展路程，胥元明很是感慨。

二、传统工艺与现代技术水乳交融

“近年来，永靖县通过政府引导、品牌带动、名师传承，以品牌占市场、以品牌促就业，打造古典建筑品牌，拓展古典建筑市场，将‘永靖古典建筑工’作为提升劳务经济、拓宽城乡富余劳动力增收的渠道。”永靖县劳务工作办公室主任胥元江介绍说。

“在培训中，学校把传统木雕、砖雕、石雕、彩绘艺术与现代建筑相互融合，将传承工作衔接到项目建设中，让县里一线施工工地传承人群不断壮大。”经过永靖县古典建筑职业技能培训学校的专业培训，农民工费竹云已对回式、藏式建筑艺术精华极为熟悉，对自己的古建筑修复技艺颇有信心。

据了解，2020 年创办的永靖县古典建筑职业技能培训学校拥有国家、甘肃省和临夏回族自治州三级非物质文化遗产传承人 39 名。

“我们办学采取全日制、长短期兼备的方式，切实提高参训学员职业技能，培养古建筑修复技艺传承人。古典建筑类职业工种涉及古建砧细工、古建砧刻工、古建泥工、防水工、古建彩绘工、古建漆工、砌花街工、古建木工、古建石工、匾额工、古建瓦工等。招生对象涵盖了失业人员、在校或未就业大中专毕业生、农民工等各类人群。”永靖县古典建筑职业技能培训学校负责人介绍说。

据统计，去年，永靖县古典建筑职业技能培训学校已培训创业致富带头人 73 名，带动 384 个贫困户脱贫。今年，该学校举办了多期木工技能提升培训班，将更多当地的务工人员培养成临夏地区木雕非遗传承人。

三、校企合作传承千年古建艺术

“我们企业通过承接项目，在永靖县置办加工厂，每年可以带动永靖县200多名劳动力转移就业。”甘肃古典建设集团有限公司副总经理曹霞介绍说，该公司现有600多名建造师和工程师，承建了大量的国家级文物修缮工程和仿古建筑工程。作为古建筑修复技艺传承保护单位和中国民族建筑百强企业，公司聘请了胥元明等一批国家级传承人。

谈起校企合作的累累硕果，胥元明很是骄傲，“近年来，甘肃古典建设集团有限公司和永靖县古典建筑职业技能培训学校充分合作，已培育出50多名古建筑行业人才。其中，有5人成立劳务队，在全国范围内承接古典建筑工程，10人开设门店从事木雕雕刻，其余的多数人在甘肃古典建设集团有限公司的岗位上传承着古建修复技艺。”

作为胥元明徒弟之一的吴魁峻，经过师带徒的传承，不仅能独立完成古建筑工程造价编制、审核，图纸绘制及施工等任务，还参与完成了甘肃省文物建筑保护修缮工程预算定额、文物古建筑局部构件打牮拨正、文物古建筑主体结构顶升等省级工法。

“我的进步离不开老师的传帮带，在老师的引领下，我对古建筑行业传统技艺进行了革新，成为了‘永靖古典建筑工’中掌握修复技艺的代表人物之一。”吴魁峻是师带徒和校企联合培养的受益者之一。

“当机械设备开始采用、传统手工木雕艺术日渐式微，胥明智、胥亨慧、吴魁峻等一批‘永靖古典建筑工’已经接过‘白塔木匠’的衣钵，让劳务品牌和木雕艺术继续延续下去。”曹霞说。

据统计，通过“永靖古典建筑工”劳务品牌项目引领，永靖县有1157人取得执业资格证书，古典建筑工施工领域遍及西北、西南许多省区，带动4000多名务工人员就业，占全县从业人员的10.5%；年劳务收入达2.3亿元，占全县总劳务收入的19.02%。如今，永靖县正进一步加强“永靖古典建筑工”劳务品牌建设，以此带动更多城乡富余劳动力实现高质量就业。

（文章来源：中国劳动保障报农民工专版，2021年11月26日）

广东江门“粤菜师傅”打造“中国侨都”靓丽名片

张文宝

厨房里，31 岁的吴国雄熟练地将鱼分块，加入陈皮、酱油、生粉、蚝油腌制。利用腌制鱼肉的时间，他将剩余的鱼肉制成鱼丸。不到半小时，一道精美的粤菜就被端到了餐桌上。

“2019 年初，我决定返乡创业，在古井镇乔林村开办了农家乐。我们店里的食材都是老乡种的、养的，很新鲜。”从厨师到老板，吴国雄通过“粤菜师傅”培训走上了致富路，还为当地数十位村民提供了就业岗位。

吴国雄的故事是广东省江门市人社局推动“粤菜师傅”工程高质量发展的一个缩影。“粤菜师傅”工程在促进居民就业增收致富、推动乡村振兴的同时，也成为了“中国侨都”面向世界展示侨乡文化的靓丽名片。

一、多方参与，打造高层次人才培养阶梯

出生于北陡镇的何根明无比珍惜参加“粤菜师傅”培训班的机会。经过培训学习，何根明的厨艺大有进步，刀功日益熟练，火候掌控得心应手，煎、炒、煮、炸样样在行，出品的菜式色、香、

味俱全。“去年 11 月，我了解到江门市人社部门推出‘粤菜师傅’彩虹计划，喜出望外，马上联系了人社部门，在北陡镇旅游景区开办了‘粤菜师傅’彩虹店，生意很好。”何根明说。

“粤菜师傅”工程实施以来，江门市坚持多元培养，充分调动职业技工院校、餐饮企业、行业协会等主体的积极性，凝聚各方，合力打造高素质“粤菜师傅”队伍。该市建立了“粤菜师傅”职业技能等级证书、专项职业能力考核证书和培训合格证构成的多层次评价体系，先后投入 1285 万元，建成省、市级“粤菜师傅”培训基地 12 家，省、市级大师工作室 23 家。2018 年以来，全市新增持证“粤菜师傅”5641 名，培训“粤菜师傅”1.68 万人次。

在打造高层次“粤菜师傅”人才培养阶梯的过程中，江门市不断推动广东厨艺技工学校建成省级“粤菜师傅”培养示范基地，发挥示范带动作用；实施“侨乡粤菜名厨培育计划”，开展“粤菜师傅”名厨进店培训、“粤菜师傅”大师讲堂等活动，培育一批复合型粤菜拔尖人才；持续开展送技下乡，培养“粤菜师傅”乡村工匠，助力乡村振兴。

与此同时，江门市积极推动“粤菜师傅”就业创业，全市现有餐饮企业（含个体工商户）2.1 万家，2020 年营业额达 115 亿元。该市在全省首创“粤菜师傅”彩虹计划创业项目，创业店达 48 家，年创收 6000 多万元，带动就业 3000 多人。

二、融合发展，培育“粤菜师傅”产业链

“江门市人社部门主动对接粽乡园，充分借助‘粤菜师傅+农业’模式，把我们恩平粽的特色发挥得淋漓尽致。”江门市粽乡园企业负责人岑杰柱说，现在工厂带动了 120 多名乡亲就业，向全国

各地的酒店、超市供货，年销售额达1700多万元。

在培育高效能江门“粤菜师傅”产业链的过程中，江门市进一步深入推进“粤菜师傅+农业+旅游+电商+文化+养生”模式；打造数条“粤菜师傅”美食一条街；组织实施“粤菜大咖帮你刷亮招牌”活动，推动“粤菜师傅”彩虹计划创业店提质升级；培育“粤菜师傅”工程食材供应链，深度参与大湾区“中央厨房”建设；发动省级“粤菜师傅”培训基地、大师工作室，共同研发“粤菜师傅五邑家宴”四季菜式；召开“粤菜师傅”产业链对接会，搭建“粤菜师傅”交流合作平台，推动各产业深度融合。

此外，江门市加强与海外社团交流合作，积极组织粤菜国际交流活动，擦亮“世界名厨之乡”金字招牌。江门市技师学院与国际美食家协会等多家海外协会签订合作协议，联合培养国际化“粤菜师傅”人才。广东厨艺技工学校积极面向华侨华人、港澳同胞开展“粤菜师傅”研学旅游，增强其文化认同感。

（文章来源：中国劳动保障报农民工专版，2021年10月1日）

广西积极打造“八桂”系列劳务品牌
——“八桂月嫂”的别样精彩

王宝杰

她们，将别人的孩子视为自己的宝贝倍加呵护；她们，用专业技能和敬业精神赢得社会对她们应有的尊重。她们被称为“八桂月嫂”。

“八桂月嫂”是广西积极打造“八桂家政”劳务品牌的典型代表，目前已有16万名脱贫妇女、失业妇女、进城务工妇女通过“八桂月嫂”劳务品牌在家庭服务业中走上新岗位，演绎着别样精彩。

一、优质服务撬动就业空间

通过“八桂家政”劳务品牌的精心培育，从第一次上岗时的手忙脚乱，到成长为“八桂月嫂”中的骨干力量，邓源俭实现了人生的华丽转身。她先后服务了30多个家庭，在她服务期间，从没有小孩得过感冒。有什么诀窍吗？有！那就是技能、经验和细心。

“月嫂这个职业很特殊，只有真诚和优质的服务才能真正打动别人。对我而言，能通过自己的劳动帮助别人，看到我服务的孩子和宝妈能健康、快乐，我就很满足、很有成就感。”邓源俭说。

用户满意率达100%的邓源俭，月工资也从开始的550元逐渐升至现在的1.5万元。邓源俭靠着自己的辛勤劳动帮助家庭成功脱贫，她没有忘记乡亲。几年来，邓源俭共带动160名家乡姐妹在广东深圳、珠海等地当起了月嫂。

“我希望能帮助更多人进入这个行业，用阳光服务赢得别人的认可。”邓源俭说。

邓源俭是广西“八桂家政”劳务品牌从业人员中的典型代表。

几年来，广西不断加快推进劳务品牌建设，重点打造“八桂”系列劳务品牌，不断提高劳务输出的标准化、专业化、组织化水平，充分发挥劳务品牌在促就业、扩内需、惠民生等方面的重要作用，取得了良好成效。

“八桂月嫂”自创建以来，先后与广西江滨医院、广西工人医院等联合成立母婴陪护服务中心。医院陪护的统一化、规范化管理，不仅为医院创造了有序、整洁、安静的病房环境，也为住院患者提供了安全、舒适、贴心的服务，为医院陪护提供了专业的服务和规范化的管理。

随着就业方式的多元化，如今“八桂月嫂”遍地开花。通过品牌效应提质扩容，广西先后输送了16万名“八桂月嫂”进家庭、进社区、进医院服务，得到了客户、家政服务机构、医院的认可和肯定。“八桂月嫂”的服务已经拓展至中国香港地区、新加坡、马来西亚等地，为20多万名客户提供服务。

二、技能培训提升品牌质量

近年来，群众对家政、康养服务需求增强，对从业人员技能水平和服务机构信誉度的要求也越来越高。

对此，广西采取“市校企”三方合作模式开展技能培训，提升“八桂”系列劳务品牌相关从业人员的技能水平，培养专精人才。

今年11月23日，由广西壮族自治区人力资源社会保障厅主办的“八桂家政”劳务品牌师资力量培训班开班。该培训班主要面向职业院校（含技工院校）、职业技能培训机构、家政服务企业、行业协会的家政服务培训人员和管理人员。本次培训班共培训“八桂家政”劳务品牌师资100人，其中培训家政服务、养老护理师资力量各50人。

“我们选择‘八桂家政’作为劳务品牌的重点项目，就是围绕当前‘一老一小一患’群体对家政、康养服务的迫切需求，着力解决人民群众的急、难、愁、盼问题。因此，‘八桂家政’不仅限于家政服务职业（工种），还涵盖了养老护理和病患陪护等职业（工种）。”广西壮族自治区人力资源社会保障厅农民工工作处处长王绪说。

“专业技能是我们与服务对象建立信任的关键。”这是全国优秀农民工、家政技能人才杨燕珊经常提起的一句话。通过参加“八桂家政”劳务品牌培训，如今的杨燕珊已经成长为一名优秀的家政技能人才，是“八桂月嫂”中名副其实的“领头雁”。

毕业于广西妇幼保健院附属卫校的杨燕珊，在毕业后便投身家政服务行业。充满热情的她，经常到外地参加育婴、产康、早教、小儿推拿、养老护理等项目的培训。反复学习、不断实践，让杨燕珊的技能日臻成熟，成为了深受客户欢迎的“金牌月嫂”。

新冠肺炎疫情发生以后，杨燕珊开通了小儿推拿、产后康复、育婴等线上培训视频，让学员们在家也能轻松学到技能。杨燕珊花了大量时间在备课和做课件上，同时，帮助劳模创新工作室的老师做线上授课指导，切实保证授课质量。

“所有的‘绝活’都是在学习和实践中逐渐积累出来的，过硬的技能是最关键的。”杨燕珊说。

凭借坚强的意志和不懈的努力，杨燕珊多次在全国女职工岗位技能大赛、广西农民工技能大赛中获得骄人成绩。

杨燕珊的成功具有很强的示范意义。通过“传帮带”，杨燕珊培养出了一大批家政技能人才。通过技能攻关、集训、竞赛的锻炼，现已培养出200多名家政技能精英，在行业中发挥榜样作用，带动行业的健康发展。

广西通过统一培训标准，编制教材和评定标准，对全区家政行业从业人员、重点培训机构（含院校）和龙头家政企业进行培育。目前已完成病患陪护、母婴护理、家政服务等工种的标准制定，并完成了相应培训教材和考核题库的编制。该标准、教材及题库为广西家政企业和从业人员的品牌服务提供了依据，实现了统一冠名、统一包装、统一宣传、统一输出。

三、榜样引领助力致富增收

在脱贫攻坚期间，广西壮族自治区人力资源社会保障厅悉心指导“八桂月嫂”劳务品牌所在企业积极开展针对贫困地区的家政培训。

据了解，培训课程涉及养老护理、育婴、小儿推拿、产后康复、早教等内容。针对部分文化水平低、接受能力弱的贫困妇女，“八桂月嫂”们耐心指导她们如何照料老人、如何进行产后保健、如何护理婴幼儿等。参训人员分布于南宁、崇左、柳州等地的98个贫困村，培训养老护理员300余人、育婴员200余人，参加产后康复150余人、早教200余人。

“在广西，越来越多的‘八桂月嫂’凭着良好的职业素质和职业技能，获得了稳定的工作和收入，实现了‘短平快’脱贫。”广西壮族自治区人力资源社会保障厅相关负责人说，脱贫攻坚期间，劳务品牌所在企业累计进入246个贫困村开展家政扶贫培训1.23万人次，安排贫困妇女上岗9840人次。同时，开发3万多个就业岗位，推荐安排有意向从事家政行业的人员上岗，月工资达3000元至2万元。

下一步，广西将进一步积极探索建立“八桂家政”等“八桂”系列劳务品牌对接乡村振兴机制，在有条件的重点市县及乡村振兴重点帮扶县，建立劳务品牌乡村振兴输出基地，有计划地组织农村劳动力转移就业，重点加大对脱贫人口的帮扶力度，做好防止返贫监测，更好地发挥“八桂”系列劳务品牌的积极作用。

（文章来源：中国劳动保障报农民工专版，2021年12月24日）

荣誉名榜

就业带动类：

化隆牛肉拉面
云和师傅
乐陵港务工人
监利面包师
川筑劳务
丘北纺织工
吕梁山护工
朔州保育员
紫阳修脚师
旬阳建工
黔龙海运
吉林大米农技工
大武口凉皮师
儋州月嫂
南方月嫂
盱眙龙虾厨师
张北司炉工
敖汉架线工
兰州拉面师
桦南家服
南粤家政
湖南铸造工匠
郴州建筑工匠
平舆防水工
“巾帼老班长” 保安
扎兰屯焊工
武功绣娘

行业引领类：

南康木匠
皖嫂家政
潜江龙虾工
石首建筑防水工
上海巾帼服务
彩灯工匠
川育核工
鹤庆银匠
沙县小吃制作技艺师
朝阳县油田钻井工
天镇保姆
蓝田厨师
云阳面工
辽源织袜工
吴忠厨师
如皋花木园艺师
正安吉他工匠
安达汽车修理与驾驶
电力湘军
林州建筑工
后藏庄园唐卡师
丰镇工匠
菏泽汽车维修工
资溪面包师
广昌物流员

地方特色类：

“撒拉艳姑”刺绣
太和板面
蕲春艾灸师
温江花工
巍山乡厨
西岐名吃
苗家巧手
延边泡菜师
西吉绣女
百色筑匠
无锡惠山泥人艺人
常熟古建木工
巴林左旗笤帚工
庄浪梯田人
永靖古典建筑工
湖南安化黑茶茶艺师
津市牛肉米粉师
登封武术生
栾川渔工
扎囊氆氇工匠
巴渝大嫂
尼木藏香制作人
北海南珠人
剑川木雕工匠
钦州坭兴陶艺师

创新发展类：

琴岛智造
成都新电商人
龙岩市人力资源超市
棋源叉车工
长白山菌类园艺工
海原司机
宿迁客户服务管理师
民乐憨小伙
陇原巧手
鹿邑化妆刷制作工
墨脱采茶人
景漂工匠
监利玻铝商
绩溪金徽厨
滁州就业超市
海峡闽宁劳务
张家口动漫人
武义超市经济
京心御笔
横店演员公会
西盟佤山歌舞者
三亚游艇帆船驾驶员
粤菜师傅